초인재
超人
材

초인재

超人材

인재혁명 시대,
돌파형 인재가 온다

김도현 지음

생각의날개

인재의 법칙은 변하지 않는다.

인재는 늘 공들여 준비하는 자다.

프롤로그

1

서른 중반에 제2의 인생을 계획하며 10년 동안 일했던 방송국 생활을 마무리하기 위해 신입사원을 뽑아 업무를 인수인계했다. 후배를 옆에 앉혀 놓고 방송 진행 과정을 설명했다. 기본 교육도 하고, 방송편집기술도 알려줬다. 무엇보다도 실제로 방송하는 것을 보여주는 게 필요했다. 좁은 스튜디오에 피디 두 명과 진행자, 게스트가 앉아 한 시간 넘게 방송을 진행했다.

그 게스트는 나의 연출 모습과 이를 눈에 담는 신입사원의 모습이 흥미로웠다고 했다. 하나라도 더 알려주기 위해 설명하는 나와 영문을 몰라 안절부절 못하던 신입사원의 모습. 그는 신입사원에게 일하는 방법을 알려주는 책을 쓰면 좋겠다고 귀띔했다. 가르치는 입장에선 설명대로 잘 따라오는 줄만 알았는데 실상 후배는 몰아치는 설명에 곤혹스러워했던 것이다.

수천 대 일의 경쟁률을 뚫고 입사한 신입사원들은 현장에서 보면 정말 똑똑했다. 자료를 찾아오라고 하면 어디서 그런 고급 정보를 가져오는지 일하는 데 큰 도움이 되었다. 하지만 처음 접하는 일에 대해서는 경험이 없어 불안해하는 것 같았다.

일찍이 방송국에 입사했지만 나의 신입사원 시절도 결코 녹록지 않았다. 10년 직장 생활 중 막내 시절만 8년을 보냈다. 그러니 누구보다도 신입사원의 설움에 대해 잘 알고 있다. 그때는 한다고 했는데 마음처럼 잘 안 되어 속상했다. 또 많은 일을 하고 있는 것 같은데 시간이 잘 가지 않았다. 손에 익지 않은 일들이어서 몇 분 몇 초까지 시간이 모두 체감되는 시절이었다. 3년만 버티면 더 좋은 일이 생기겠지 하면서 일했던 신입 시절은 정말 더디게 흘러갔다. 원하던 일을 하고 있어서 행복한데 너무 힘든 시간이 계속되니 이러다 3년을 채울 수 있을는지 하는 생각이 들었다. 그렇게 3년이 지나니 어느새 6년이 돼 있었고, 7년이 되니 어느새 10년이 다가왔다.

지금 생각해 보면 내가 그 시절을 잘 보낸 것 같은데 좀 더 즐기면서, 챙길 것은 챙기면서, 배울 것을 배우면서 보내지 못한 게 조금은 아쉽다. 회사가 정한 비전과 내가 세운 목표를 이루기 위해 앞만 보고 달리다 보니 주변 동료들이나 동기들이 당연하게 챙겼던 것도 잘 모르고 넘어간 게 많았다. 그 시절 누군가가 내게 신입사원이 챙겨야 할 것을 알려줬더라면 좀 더 나은 시절을 보낼 수 있었지 않았을까? 더욱 자신감을 갖고 일할 수 있지 않았을까?

신입사원을 위한 책을 한번 써보라고 제안했던 게스트를 만난 건 큰 행운이었다. 그동안 다른 사람이 쓴 책을 소개하거나 저자들을 모셔 방송을 제작했지 내 책을 갖는다는 것은 언젠가의 꿈으로만 간직한 채 미뤄놓고 있었는데 그 제안이 여기까지 이끌었다.

이 책은 선배로서 후배들의 자존감을 올려주고, 꼭 챙겨야 하는 것들을 말해주고 싶어 쓰게 되었다. 짧지 않았던 10년의 직장 생활 동안 챙기지 못한 것들이 있었는데 후배들은 내가 하지 못했던 것들을 꼭 챙겼으면 싶다. 내가 지금에야 알게 된 것을 그들이 미리 알고 실천할 수 있다면 인생이 더 풍요롭게 되지 않을까 하는 마음이다.

운 좋게 방송 연출과 취재를 겸하면서 오피니언 리더도 많이 만나고 소위 성공했다는 젊은 청년들도 어렵지 않게 만나게 되었다. 그들과 관계를 쌓으며 깨달았던 삶의 철학과 일에 대한 노하우도 알려 준다면 나보다 직장 생활을 더 잘 할 수 있지 않을까 생각해 본다.

또 이 책은 기업에 입사하기 위해 준비하는 취업준비생들을 위한 책이다. 직장에서 신입사원을 교육할 때 꼭 해줬으면 하는 이야기를 담았다. 이 책에는 많은 사람들의 젊음과 신입사원 시절이 담겼다. 지구 반대편에서 일하고 있는 실리콘밸리 청년들이 어떻게 일하는지 소개하고 있다. 우리가 그들과 함께 어깨를 나란히 하고 세계 속에서 일해야 하기에 그들이 어떤 기질의 사람들인지 알면 큰 도움이 될 것이다. 세계 속에서 우리는 각각의 세계 문제를 해결해야 할 목표를 가진 동료들이자 친구들이니 말이다.

책을 내기 위해 많은 시간이 걸렸다. 이 책 한 권에는 더 나은 오늘을 살기 위해 노력했던 지난날의 내 모습이 담겼고, 나와 함께 일하는 존경하는 선배들의 인생이 담겼다. 공과 사를 구별해야 하기에 직장 생활 내에서 한 번도 꺼내지 않았던 이야기를 진솔하게 담았다.

2

제4차 산업혁명 시대에 필요한 인재에 대한 논의가 한창이다. 시대 흐름을 읽는 인문학적 식견과 과학 기술 분야의 전문성이 요구된다고들 한다. 수많은 인재들이 일자리를 잃을지도 모른다고 으름장을 놓기도 한다. 하지만 시대를 넘어서는 인재가 있다. 바로 초인재(超人材)다. 이들은 미래사회의 변화에 대한 두려움이 없다. 스펙에 대한 고민은 넘어선지 오래다. 취준생은 절대 알 수 없는 대기업이 원하는 인재상이 바로 초인재다. 초인재의 가장 큰 특징은 "돌파형 인재"라는 것이다. 머뭇거림 없이 어려움을 돌파한다. 높은 벽을 마주하게 되면 주변과 네트워크를 통해 함께 넘어선다.

시대를 넘어서는 초인재는 과거에도 있었고, 지금도 여전히 자신의 역량을 세계무대를 대상으로 뽐내고 있다. 시야를 넓혀야 한다. 제4차 산업혁명은 초인새, 돌파형 인재를 간절히 원하고 있다.

3

1장 ─ <대기업이 찾는 초인재, 돌파형 인재>는 제4차 산업혁명 시대에 살아남는 인재상으로 이스라엘의 '후츠파 정신'에 맞먹는 개념인 초인재의 등장을 선언한다. 안으로는 질문을 품고 끊임없이 자신을 단련시키고, 밖으로는 일과 생활을 넘나들며 비즈니스 네트워크를 지속적으로 확장해 가는 인재다. 생각에 막힘이 없고 자신이 삶의 주인으로서의 명확한 인식을 가지고 있으며, 세계를 향해 열린 눈으로 신사업을 개척해가는 당당한 인재의 모습을 선보이고 있다.

2장 — <초인재 마인드, 샐러리맨 NO, 비즈니스맨 YES>는 구체적으로 초인재는 어떤 사람인지 국내의 사례와 미국 실리콘밸리의 사례를 들어 설명하고 있다. 글로벌 리더로 발전해 가는 초인재의 모습을 그려낸다.

3장 — <신입사원 1년차, 초인재로 가는 색다른 방식>은 초인재 신입사원들이 지닌 다섯 가지 색다른 특징들을 소개하고 있다. 돌파형 인재가 회사에 취직하게 되면 바로 이 초인재 신입사원이 되는데, 이들이 지닌 특질이 회사에 큰 유익이 되며, 평범한 신입사원으로 입사하더라도 다섯 가지 색다른 특징들을 유념하면 2년차에 초인재로 성장할 수 있음을 보여주고 있다.

4장 — <신입사원 2년차, 성공을 향한 점핑 포인트>는 초인재로서 성공적인 2년차를 지내기 위한 방법을 알려주고 있다. 성공 포인트 앞에서 미래로 점프를 할 자세를 살펴본다.

5장 — <신입사원에서 롤모델 선배로>는 초인재는 기본적으로 후배로부터 존경을 받아 롤모델로 섬겨지게 된다. 그래도 세세하고 꼼꼼한 노하우들은 기본 장착이 되어 있어야 한다. 선배 인재로서 갖춰야 할 소양을 문서 작성에서부터 국제회의 참가까지 짚어 보았다.

6장 – <기업은 당신을 원한다>는 초인재 여부와 상관없이 최근 입사한 신입사원, 또는 취업준비자에게 필자가 던지는 위로와 당부의 이야기이다.

4

쉽지 않은 과정을 거쳐 만든 이 책에 새로운 가치를 담아낸 것 같아 보람된다. 이 책이 사회의 구성원으로서 신입사원들의 위치를 제대로 자리 잡도록 도와주고, 미래를 이끌어 나갈 인재로 커나갈 수 있도록 조언하는 책이 되었으면 좋겠다.

신입사원들이 세계 속에서 더 많이 성장하고, 발전할 수 있을 것 같아 기대된다.

1장

대기업이 찾는 초인재,
돌파형 인재

제4차 산업혁명 시대 인재상, 초인재

창업 분야에서 세계가 본받아야 할 나라가 바로 이스라엘이다. 이스라엘은 주변국가와 고질적인 갈등 상황에 처해 있고 천연자원도 부족하지만, 이스라엘 사람은 특유의 사업적 기질로 높은 평가를 받고 있다. 미국 나스닥에 상장한 기업 중 40%가 이스라엘 사람이 운영한다는 게 알려지면서 이스라엘은 전 세계적으로 창업 국가로 일컬어지고 있다. 이는 전 유럽 창업 회사들이 나스닥에 상장한 수보다 더 많은 수치다.

이스라엘은 우리나라 강원도 두 배 면적에 인구 850만 명 정도의 비교적 작은 나라지만 인구당 창업 비율이 세계적으로 가장 높다. 교육열이 높고, 다른 무엇보다 창업에 대한 뜨거운 열정을 갖고 있는데 기질을 분석해 보니 그 기저에 '후츠파 정신'이 자리 잡고 있었다.

후츠파 정신은 이스라엘 특유의 도전정신을 이르는 말로 본래 히브리어로 뻔뻔함, 담대함, 저돌성, 무례함 등을 뜻하는 말이다. 오늘날 후츠파 정신은 어려서부터 형식과 권위에 얽매이지 않고, 끊임없이 질문하고 도전한다는 뜻이다. 때로는 뻔뻔하면서도 자신의 주장을 당당히 밝히는 이스라엘인 특유의 도전정신이 세계를 주름잡는 창업 국가로 탈바꿈하게 한 것이다. 전문가들은 형식 타파, 질문의 권리, 섞이고 섞임, 위험 감수, 목표 지향성, 끈질김, 실패로부터 교훈 얻기 등을 후츠파의 7요소로 보고 있다.

우리에게도 후츠파 정신과 같은 기질이 있는데, 이런 기질을 가진 사람을 초인재(超人材)라고 부르기로 하자. 초인재는 새로운 일을 계획하거나 추진할 때 두려움이 없으며, 그 일을 목표지점까지 밀고 나갈 수 있는 능력을 발휘하는 사람이다.

이런 모습은 선배 기업가들에게서 기업가 정신이라는 모습으로 발견된다. 선배 기업가들은 황무지에서 새로운 사업 아이템을 발굴해 내고, 도전의식으로 무장하여 새로운 영역으로 거침없이 사업을 넓혀나갔던 개척자였다.

제4차 산업혁명 시대의 특징 중 하나는 빠른 변화이다. 기술과 환경이 하루가 다르게 급변한다. 오늘을 기준으로 삼아도 내일이면 그 기준이 바뀌어 있는 그런 시대다. 이런 시대를 성공적으로 살아내려면 현상과 상황을 분명하고 재빨리 파악해야 하고 문제에 대해 정확하고 능동적으로 대처해야 한다. 문제 자체를 발견하는 능력이 뒷받침되어야 하고 문제 해결의 실행력도 겸비해야 한다. 이런 인재가 바로 초인재다.

문제를 발견하는 능력은 시스템을 모두 숙지하고 이론과 함께 실무경험이 있어야 갖춰질 수 있다. 하지만 우리가 모든 일을 경험할 수 없기 때문에 주변 전문가를 활용해 일에 대한 안목을 키워야 한다. 그러려면 전문가들을 접촉하고, 문제를 해결하기 위해 조언을 구하고, 자료를 찾는 힘이 필요한데 그 힘에 따라 자신이 돌파형인지 아닌지 구분할 수 있다. 어려움이 생겼을 때 피하거나 두려워하지 않고 해결하는 능력 말이다.

해결의 성패는 중요하지 않다. 문제를 해결하기 위해 과정을 거치는 것은 또 다른 일을 해결하기 위한 뒷받침이 되기 때문에 해결하려고 하는 의지가 초인재에게는 가장 중요한 근원이 된다.

초인재들의 가장 큰 특징은 돈을 벌기 위해서만 일하지 않는다는 것이다. 천문학적인 금액을 벌고도 여전히 사업가로 활동하면서 후배들을 양성하고, 좋은 사업 아이템을 발굴하려는 사람들을 보면 초인재가 어떤 사람인지 잘 알 수 있다. 그들은 부를 일궜지만 예전과 똑같은 음식을 먹고, 똑같이 시간을 활용하며, 또 다른 일과 사업을 꿈꾼다. 세상에 해야 할 일이 많고, 할 수 있는 일이 많기 때문이다.

어느 정도 경지에 다다르면 거시적으로 사회를 보는 눈에서 미시적으로 콘텐츠를 보는 눈이 발달해 수면 밑에서 잠자고 있는 아이템이 눈에 보이게 된다. 그러니 계속해서 후배들과 같이 일이자 놀이인 업의 역할을 지속할 수 있다.

사업 아이템의 기반이 되는 사안에 있어 문제를 발견하는 일을 문제를 지적하는 일과 혼동해서는 안 된다.

실제로 일을 하다 보면 문제를 지적하는 업무를 주로 하는 부서들이 있다. 감사실의 기능을 하는 곳들 말이다. 이들은 문제를 지적하는 것에는 탁월하다. 그러나 문제를 지적하는 일이 문제를 해결할 수 있는 능력까지 이어질 수 있는지는 미지수다.

미래 먹거리를 새롭게 찾아야 하고, 세계 시장으로 시선을 돌려야 하는 상황에서 문제를 지적하기보다는 일상적인 것들 속에서 새로운 가치를 발견할 수 있는 안목과 상품을 콘텐츠로 키울 수 있는 능력이 필요한 시대가 되었다.

이런 능력은 어릴 적부터 습관이 되어야 발현이 가능하다. 가정에서부터 학교, 놀이, 여가 등에 이르기까지 크고 작은 일에 도전하며 성취감을 갖도록 하는 게 중요하다. 처음부터 끝까지 전 과정을 도맡아 하면서 책임감과 함께 문제를 해결할 수 있게 끔 노력하는 과정을 거쳐야 한다. 그런 성취감이 아이들에게 기쁨을 안겨주어 계속해서 무언가를 실행해 보려는 의지를 갖게 한다. 우리나라도 아이들의 창의력을 키워줘야 한다며 하는 여러 교육이 곳곳에서 이뤄지고 있는데 가장 중요한 것은 무엇보다 창의력을 구현해 낼 수 있는 과정을 숙지할 수 있도록 하는 것이다.

요즘 학교에서 자신이 원하는 것들을 시스템화 하는 과정을 가르치는 코어 교육을 시행하고 있는데 우리나라도 초인재를 양성하기 위한 노력이 시작되었다고 보여진다.

초인재는 실패를 두려워하지 않는다. 오히려 아무것도 하지 않고, 주저앉은 것을 더 두려워한다. 청년들이 이런 돌파형의 기질로 변모할 때 우리나라도 세계에서 제일가는 비즈니스 국가가 될 수 있다.

돌파형 기질은 언뜻 갖추기 쉬워 보이지만 아무나 가질 수 있는 기질은 아니다. 새로운 일에 흥미를 느끼며 달려드는 사람은 많지 않다. 리더의 역할도 해 본 사람이 할 수 있다. 대부분은 어려운 일을 피하려고 한다. 초인재는 언제나 남이 하지 않은 일에 매력을 느끼고, 쉬운 일보다 어려운 일에 더 흥미를 느끼며 정복하고 싶어 한다.

이스라엘 젊은이들은 창업 실패를 부끄러워 하는 대신 또 다른 기회로 여긴다. 성공할 때까지 도전하는 것이다. 이런 생각이 이스라엘을 창업 국가로 탄생하게 한 것이다.

제4차 산업혁명 시대는 초인재와 그렇지 않은 사람이 구분되는 사회다. 기업들은 초인재를 찾기 위해 치열하게 노력하고 있다. 위기의 회사를 기회의 기업으로 만들기 위한 단 한 명의 안목 있는 직원을 채용하기 위한 몸부림을 치고 있는 것이다.

기업에서 찾는 인재는 문제를 두려워하지 않고, 일에 대한 적극적인 마인드를 가진 사람이다. 기업들은 채용 지원서에 기록된 우리의 학창시절 활동과 경험들을 면밀하게 살펴본다. 새로운 가치에 대해 얼마나 열린 자세를 가지는 지를 살핀다. 나의 기질이 초인재임을 적극적으로 어필할 필요가 있다.

초인재는 입사한 회사를 키우는 사람이 아니다. 초인재는 자기 발전에 몰입하는 사람이라서 그 효과를 회사가 누리게 되는 것이다. 이들은 기업에서 직원으로 일하면서도 새롭게 자신의 영역을 구축한다. 회사에 근무하면서 새롭게 창업도 할 수 있는 기반을 마련한다.

초인재가 되고 싶은 신입사원은 이 지점을 눈여겨보아야 한다. 실제로 처음 기업을 만들어 키워나가는 것보다 기업에 근무하면서 자신의 영역을 구축하며 창업을 하는 게 사업의 성공을 높이는데 용이하다.

회사에 근무하면서 네트워크를 활용할 수도 있고 현장의 고급 정보들을 많이 접할 수 있기 때문에 보다 리스크가 적은 사업으로 만들어 갈 수 있다. 초인재는 비즈니스 속에서 충분히 공과 사를 넘나들며 사업 파트너를 친구로 만든다. 함께 일하는 사람들로 진정한 친구를 구성하게 되는 것이다.

초인재는 자신과 같은 기질의 돌파형 인재들과의 만남을 즐긴다. 그들은 실행력이 좋은 사람들이기에 업무를 하면서 또 다른 머리를 쓴다거나 거짓되게 행동하지 않는다. 서로 신뢰를 크게 중요하게 생각하고 서로 주고받는 것이 명확하기에 오히려 오래도록 좋은 친구로 남을 수 있다. 또한 일을 하느라 함께 업무를 공유하고 상의하는 사업파트너가 누구보다도 막역하게 되고 사생활까지 공유하게 되면서 그 누구보다 진정한 친구가 되기도 한다.

문제를 통해 성장하는 초인재

  기업과 신입사원의 미스매칭이 여전하다. 기업은 인재가 없다고 하고, 청년들은 갈 곳이 없다고 한다. 정부의 일자리 정책도 속수무책이다. 통계청 발표에 따르면 2018년 5월 실업자가 112만 명에 청년실업률 10.5%로 역대 최악의 취업난이다. 체감 실업률은 24%까지 치솟았다. 취업준비생들은 양질의 대기업 일자리가 너무 없다고 한다. 그러나 초인재는 이렇게 말하지 않는다.

  초인재는 어디에서 일하느냐를 고민하는 것이 아니라, 어떤 일을 할 것인가를 고민한다.

  초인재는 어느 곳에 가든지 자신의 역할을 톡톡히 해낸다. 그리고 자신이 원하는 곳이 있다면 언제든지 옮긴다. 자신이 원하는 일이 무엇인지 뚜렷하게 알기에 원하는 일을 매번 고를 수 있다. 더욱이 이미 관련 직종 전문가들과 네트워크를 쌓았기 때문에 이직할 회사의 현재 상황은 어느 정도 인식하고 있다.

기업에 입사할 때, 왜 이 일을 해야 하는지, 이 업무를 통해 어떻게 기업이 변모할지 청사진이 모두 잡혀있기에 면접 때 어떤 질문이 나와도 자신 있게 답할 수 있다. 오히려 물어보지 않은 이야기들까지 덧붙여 스토리를 만들어 가니 면접에서의 합격은 떼 놓은 당상이다.

초인재는 채용공고가 나면 기업의 비전과 철학과 전략사업을 숙지한 후 기업이 갖고 있는 문제를 찾고 앞으로 기업이 나아가야 할 방안까지 지원서에 제시한다. 기업의 입장에서도 면접을 통해 회사의 미래를 보여주는 신입사원이라면 우선 채용한다.

기업이 찾는 인재는 학벌과 출신이 뛰어난 사람이 아니다. 신입사원이 어떤 안목을 가지고 실행력 있게 일을 해나가는지 그 기질을 본다. 기업은 신입사원에게 시스템에 맞춰 차근차근 성장하기를 바라기보다 현장에서 부딪치며 일하는 방식을 배워가길 원한다. 그런 방식을 소화할 수 있는 초인재를 선호한다.

우리가 원하는 사회생활은 가슴이 뛰는 일을 시간 가는 줄도 모르고 하는 것이며, 휴일을 반납하고 출장을 가더라도 손해 보는 느낌이 아니라 뿌듯한 마음으로 기꺼이 하는 것이다. 그런 일을 해야 하고, 잘할 수 있도록 만들어진 시대가 바로 제4차 산업혁명 시대이다. 우리는 이 시대가 원하는 인재로 성장하기 위해 사회와 기업의 문제를 찾고 일을 해결하기 위해 누구라도 만날 수 있는 초인재가 되어야 한다.

그렇다면 나는 과연 초인재일까?

초인재는 회사 일만 하지 않는다. 정치에도 참여하고, 사회문제에도 참여하고, 자신의 취미생활도 하는 등 한꺼번에 여러 가지 일을 능숙하게 다룬다.

바쁘게 보일지 모르겠지만 이 모든 것은 업무를 잘하기 위해 균형을 맞추는 일이다. 그리고 회사와 사회와 가정이 원하는 일이다. 믿기 어렵겠지만 이런 일을 하는 사람들의 삶이 오히려 단조롭다. 관심사가 뚜렷해 허튼 일은 잘 하지 않으며 더욱이 업무에 방해가 되는 일은 하지 않는다. 아무리 일이 고되도 스스로 원하는 일이기에 힘이 들지 않는다. 스케줄은 꽉 짜여 있지만 매일 똑같은 시간에 무엇을 하는지 예측이 가능하다. 이렇게 언제나 명확하기 때문에 거짓이 없고 항상 자신감이 넘친다. 친구를 만나면서도 현재 직면한 사회 문제들이나 회사 문제를 해결할 수 있는 돌파구를 찾는다. 모든 게 다 일을 해결하기 위한 과정으로 엮여 있다.

초인재는 자신이 추구하는 기업의 비전과 사회와 가정이 원하는 바를 모두 알고 있으며, 명확하게 그 일을 하고 있다. 가정

생활은 일의 연장선상임을 명확하게 인식하고 있으며 진정한 친구는 사업파트너이자 직장 동료라고 여긴다. 회사 일과 자신의 생활에 균형 잡힌 삶을 추구하며 통합적인 사고, 원대한 꿈을 단조로운 삶 안에서 실현하고자 한다.

기업 인사팀도 사원들을 초인재로 만들기 위해 직원교육에 신중을 기하고 있다.

업무에 도움이 되고, 새로운 아이디어를 제공하는 강사들을 초빙해 정기적으로 교육한다. 신입사원들이 업무성과를 올리기 위해 노력하듯이 기업들도 사원들이 업무를 잘할 수 있도록 뒷받침하는 것이다.

이미 초인재들로 구성되었다면 그들을 격려하기 위해 성과를 보상하는 새로운 방식, 능력 있는 인재를 영입하고 유지하는 새로운 전략도 계속해서 적용하고 있다. 기업이 동기 부여와 소통에도 투자를 하고 있는 것이다.

기업들도 제4차 산업혁명 시대에 발맞춰 성공하는 기업이 되기 위해 수직상하의 관계에서 수평적인 관계로 즉 네트워크를 강화하는 협력적 모델로 점점 바꾸고 있다. 직원과 경영진이 업무에 대한 능동성과 독립성, 그리고 의미를 추구하기 위해 서로 협력하려는 장을 만드는 것이다.

그래서 이러한 변화를 수용한 새로운 일터의 모습은 사물 인터넷과 결합한 웨어러블(wearable, 사람의 몸에 입거나 걸쳐서 컴퓨터를 사용할 수 있는 것) 기술의 공간으로 탈바꿈 되고 있다. 기술 결합을 통해 지속적인 디지털 경험과 실제 경험을 조합해 초인재에게 더 많은 아이디어를 제공하고 있다.

예를 들어 굉장히 복잡하고, 정교한 장비를 다루거나 어려운 환경에서 작업하는 직원이 웨어러블 기기를 활용해 부품 설계와 수리 문제를 해결 할 수 있도록 한다. 기계에 연결된 다운로드, 업데이트 시스템을 통해 현장 직원은 최신 기술을 활용할 수 있고, 그들이 사용하는 자본 설비 역시 최신 개발된 기술로 업그레이드가 가능해진다.

현장 직원들에게 일일이 아날로그 방식으로 실시돼왔던 기술 교육이 이제는 RFID를 활용해 디지털로 간편하게 실현된다.

바코드만 찍으면 기술과 제품의 정보가 한눈에 보이는 현장으로 만들어지는 것이다. 클라우드 서비스를 통해 소프트웨어를 업그레이드 하고, 클라우드를 통해 데이터 자산을 최신 정보로 업데이트 한다.

기업도 웨어러블 기기를 통해 직원들이 좀 더 많은 정보를 가지고 손쉽게 일할 수 있는 환경을 만들어 주고 있다. 이런 현장에서 근무하는 현재에서 가장 중요한 일은 인간과 기술이 서로 조화를 이루도록 만드는 일이다. 이런 일은 제4차 산업혁명 시대에는 지극히 평범한 일상이다.

초인재의 힘은 네트워크 능력에 있다. 기업도 이 능력을 배가하기 위해 노력을 기울이고 있다.

사람들은 디지털 정체성을 개인의 상호작용으로 여기고 있다. 그래서 온라인 플랫폼과 미디어를 따라 계속해서 또 다른 디지털 정체성을 만들어내고 있다. 우리가 페이스북, 트위터, 링크드인, 블로그, 인스타그램 등 하나의 이상의 디지털 정체성을 보유하고 있는 것을 보면 말이다.

이곳에서의 관계는 수평적이다. 심지어 학생과 노인이 서로 존대를 해야 하는 곳이다.

이런 디지털 정체성에 발맞춰 한국 기업들도 직급파괴, 서열파괴를 위해 호칭을 통일하는 제도를 도입했다.

CJ그룹이 직급에 관계없이 직원 간 호칭을 모두 '님'으로 통일한 것은 잘 알려져 있다. 네이버도 '님' 호칭 문화를 도입했고, SK는 '매니저'라는 호칭을 쓰며, 제일기획은 '프로'라는 호칭을 사용한다.

삼성그룹도 공통적인 호칭은 '님'으로 사용하는데 업무 성격에 따라 '님', '프로', '선후배님' 또는 영어 이름 등의 수평적인 호칭을 자율적으로 사용할 수 있도록 했다. 스타벅스 코리아는 1999년 한국에 처음 진출했을 때부터 영어 닉네임을 사용하고 있다.

초인재가 아니어도 우리는 하나 이상의 이름을 사용하며 상호작용을 하고 있다. 이런 소통은 수평적으로 의견을 교환할 수 있게 해주고, 서로의 의견을 존중하게 하는 심리적 효과가 있다.

실리콘밸리의 기업들도 오래전부터 서로 편하게 이름을 부르며 업무를 하고 협업을 통해 성과를 내고 있다. 호칭이 소통과 일의 효율성에 중요 요인임을 부인할 수 없다.

실리콘밸리에서 이스라엘 창업가들이 투자를 받는 확률은 다른 나라의 창업가들보다 높다. 이스라엘 사람들이 실리콘밸리에서 성공하는 이유는 그들은 신규 창업가들에게 물질적 지원은 물론 필요한 인맥을 연결해 주고, 그들의 지식을 나눠 주기 때문이다. 특히 같은 동족이라면 일단 물불 가리지 않고 지원해 준다. 유대계 창업가들끼리 서로 협력해 각종 벤처 투자 콘퍼런스에 참석시켜 필요한 인맥을 연결해 준다. 앤젤 투자가와 벤처 캐피털리스트도 참석하게 해 조언을 구하거나 더 나은 방향으로 나아갈수록 수정해 주는 과정도 거친다. 그리고 글로벌 시장을 공략하기 위한 마케팅 네트워크도 소개한다. 물론 나중에는 인수합병과 주식상장 전문가도 연결해 준다.

이게 바로 그들이 가진 후츠파 정신이 후츠파를 계속해서 양성하고 소통하는 방식이다. 우리나라로 따지면 초인재가 돌파형 인재를 친구로 연결해 사업을 성공적으로 만들어가는 방법이다.

제4차 산업혁명 시대의 유망 직업군

성공한 사업가들은 사업을 20대에 시작했다. 마이크로소프트, 델, 페덱스, 페이스북 같은 회사의 창업가들 말이다. 완벽한 타이밍이라고 생각하지 않았던 때 우연히 찾아온 기회를 놓치지 않았다. 모험을 기꺼이 감수했다. 그들은 기회를 발견했을 때 '중간고사가 끝나고'라든지 '졸업 후에 해야지'와 같은 조건이 만족할 때까지 기다리지 않았다. 기회가 왔을 때 시간과 장소를 가리지 않고 행동했으며 기회가 오도록 주변 조건을 만들어 갔다.

기회가 왔을 때 즉각 반응해야 한다. 본능적으로 기회의 냄새를 맡아야 한다. 기술과 산업이 눈 깜짝 사이 변화하는 요즘 같을 때 특정 산업에 들어가기 위해서는 그 타이밍이 중요하다. 속도의 경쟁시대가 무르익었기 때문이다. 대기업도 조직을 정비해서 거대한 몸집을 줄여야 한다. 조금 규모가 작더라도 빨리 움직이는 물고기가 되도록 노력해야 한다.

한국에는 여전히 제조업이 풀뿌리 산업으로 잘 발달해 있고, 전통적인 산업도 많이 존재한다. 제4차 산업혁명 시대가 되었다고 해서 기존 산업이 새로운 산업으로 완전히 대체되는 것이 아니다. 오히려 기존 산업이 인공지능, 사물인터넷, 로봇 등 새로운 기술과 결합하여 체질이 바뀌고 질적으로 향상하게 된다.

산업의 역사 중 제1의 실업은 산업혁명으로 많은 농민이 실업을 경험한 시기에 발생했다. 제2의 실업 시기는 1960년대 자동화로 공장 노동자들이 실업한 시기였고, 제3의 실업 시기는 컴퓨터와 인공지능의 진화로 화이트칼라가 실업을 겪은 시기다. 산업이 바뀌면서는 언제나 인재상의 변화를 가져왔고 많은 사람이 실업을 겪었다. 이 점이 기업의 채용방식에 변화를 가져오게 하는 것이다.

농경사회는 공동체의식과 국가 철학을 공유한 인재를 중시했다. 국가 체제를 유지하기 위한 인재 육성 시스템이 중요했던 시기였기 때문이다. 종교나 유교 등 도덕 철학을 통한 교육의 수행 기능을 중시했다. 농경사회에서의 인재상은 생산 활동을 위한 별도의 체계적 지식은 불필요했기 때문에 성실성이 가장 주요한 덕목으로 여겨졌다.

제1, 2차 산업혁명 시기에는 생산 활동을 위해선 배워야 했다. 교육의 새로운 기능을 부여한 것이다. 산업혁명 이후 생산 활동을 수행하기 위해서는 공학적, 과학적, 언어적 지식이 요구되었다. 엔지니어나 회계사, 경영자 등 전문 직군을 형성해야 했기 때문이다. 그래서 산업혁명은 교육 혁명을 가져왔다. 정치혁명-산업혁명-교육혁명 순으로 말이다. 산업혁명은 생산 활동을 수행하는 데 있어 다양한 기초 지식을 요구하게 됐고, 이러한 사회적 국가적 상황에 부합하여 국가의 지속적인 성장 환경을 구축하기 위해 무상교육제도를 도입하는 교육혁명을 실시했다. 이때 중요한 인재상은 학벌이었던 것도 이 같은 이유에서다.

제3차 산업혁명은 정보화 사회다. 노동시장에서는 프리랜서 시대가 열렸다. 시공간의 구별 없이 컴퓨터 한 대로 세계 각국 기업 어디서든 일할 수 있게 되었다.

글로벌 온라인 인력중개업체 오데스크의 사례를 살펴보자. 오데스크가 2012년 전 세계에 제공한 일자리 수는 130만 개였다.

정보기반의 채용은 2003년부터 원격근로 업무관리시스템으로 출발했는데 2007년에는 웹 기반 글로벌 고용 플랫폼 구축으로 새로운 온라인 노동시장이 창출되었다. 업무분야는 문서작성, 번역, 고객지원, 소프트웨어 개발 등으로 등록된 일자리는 약 150만 개, 등록된 프리랜서 약 450만 명, 등록기업은 약 54

만 개였다. 원격 근무자 모니터링 시스템으로 근무자를 실시간 관리할 수 있어 가능했다.

오데스크는 10분마다 모니터 화면이 자동 저장되고, 키보드와 마우스의 움직임으로 업무 체크가 가능했다. 그리고 노동 품질에 따라 임금 수준이 조정되었다. 재택근무가 가능해지고, 언제 어디서든지 컴퓨터만 가지면 일할 수 있는 '디지털 노마드'의 삶이 실현된 것이다.

이런 시스템은 근로자와 기업이 모두 이익이 되었다. 외국 기업에서 일하는 사람들이 늘어난 것도 이 시기였다. 구직자는 시간과 공간 제약 없이 다양한 일자리를 찾기가 가능했고, 기업은 글로벌 차원의 유능한 인재 채용이 가능했다. 이들은 대개 프리랜서로 계약에 의해 프로젝트별로 채용하는데 정규직 채용으로 인한 비용부담도 감소했다. 언제 어디서든 전 세계의 인재를 통해 적은 비용으로 일 처리가 가능했던 셈이다.

정리하면, 농경사회의 인재상은 암기력 중시, 매뉴얼 중시형이었다면 제1,2차 산업혁명 시대는 암기력 테스트와 규칙을 숙지하는 게 중요해졌다. 제3차 산업혁명 시대에는 정보 습득력과 해독력, 정보 기반 문제해결력이 중요하기 때문에 정보 기반 채용에는 인적성검사 및 필기시험을 봤던 것이다.

그렇다면 우리가 현재 직면한 제4차 산업혁명 시대는 기업의 채용방식은 어떻게 변화될 것인가?

제4차 산업혁명 시대의 특성상 기업은 초글로벌 기업과 소규모 혁신기업만 남게 된다.

모바일 기술과 클라우드 컴퓨팅의 발전으로 복잡한 프로그램을 저렴하게 사용할 수 있게 된다. 제4차 산업혁명 시대의 고용시장은 2030년까지 일자리가 50% 감소하게 될 것이다.

실제로 국제노동기구(ILO)는 수작업을 대신하는 로봇의 확산으로 앞으로 20년간 아시아 근로자 1억 3,700만 명이 일자리를 잃을 수 있다고 경고했다. 스위스 다보스포럼에선 제4차 산업혁명으로 2020년까지 선진국에서 일자리 710만 개가 사라질 것이라고 분석했다. 예측표준화, 자동화가 가능한 일들은 이미 컴퓨터가 인간을 대신하고 있다.

그렇다면 로봇으로 대체 가능한 일과 불가능한 일에 대해 살펴봐야 한다. 로봇으로 대체 불가능한 일이 우리가 할 수 있는 일이기 때문이다.

로봇이 가장 잘하는 일은 가만히 있는 일이다. 로봇이 가장 못하는 일은 생각대로 마음껏 움직이는 일이다. 사람이 가장 못하는 일은 가만히 있는 것이며, 사람이 가장 잘하는 것은 생각대로 마음껏 움직이는 것이다.

2013년 08월 12일 일본경제지 닛케이비즈니스에서 전문가 5명과 로봇을 실제로 대결을 시켜보고 그 결과를 분석해 직업군

4개 분야를 추출했더니 다음과 같이 추려졌다.

경험과 육감이 중요한 직업 – 마케터, 주식 매매가

유연한 대처가 필요한 직업 – 요리사

규격 통일이 어려운 직업 – 초밥장인, 소믈리에

미묘한 힘 조절이 필요한 작업 –도예가

인간의 감정을 읽어야 하는 직업 –작가, 영화감독

결과적으로 보면 인간이 더 잘할 수 있는 일은 섬세함을 추구하는 일이다. 경험과 육감이 중요한 직업으로 마케터와 주식 매매가가 꼽혔다. 데이터를 쌓아도 사람들의 심리와 경제상황을 컨트롤 하는 여러 요인들을 분석해야 하는 주식 매매와 마케터의 역할을 로봇이 이길 수 없었다.

요리도 로봇이 사람의 손길을 따라잡을 수는 없었다. 초밥장인과 소믈리에게도 마찬가지 결과로 나타났다. 미묘한 힘 조절로 다양한 모형의 그릇을 빚어내는 도예가도 로봇이 대체할 수 없는 일로 나타났다.

마지막으로 인간의 감정을 읽어내는 작가나 영화감독들도 로봇이 대신 할 수 없는 일로 나타났다.

결과로 보면 사람들의 감정을 다루거나 예술적으로 미를 표현해야 하는 것, 여러 가지 요인들을 분석해 직관을 통해 하나를 선발해야 하는 것 등은 사람이 더 뛰어나다는 것을 볼 수 있다. 이는 로봇이 대체하지 못하는 것으로 앞으로 이 분야들에 직업들이 세분화되고 업무 영역이 다양하게 확대될 것으로 보인다.

제4차 산업혁명 시대는 로봇이 사람 대신 힘든 일을 해 주고, 사람들은 자신이 하고 싶은 일을 마음껏 할 수 있도록 시간을 확보할 수 있는 새로운 시대라고 표현해도 과언이 아닐 것이다.

과거 제1, 2, 3차 산업혁명 때도 '기계가 일자리를 없앤다.'라는 경고가 있었고, 실제로 실업의 시기를 겪었지만, 새롭게 생겨나는 일자리와 세분화된 콘텐츠로 색다른 일자리가 늘었다. 제4차 산업혁명 시기에도 기존에 없었던 새로운 일자리도 계속 창출될 것이다.

제4차 산업혁명 시대의 인재는 인간의 감성과 본능을 잘 읽고, 사람들의 시간을 덜어주는 시스템을 만들 수 있는 사람이 아닐까. 공유경제 시대에 소유에 대한 개념이 무색해지면서 다른 사람들에게 도움을 주는 산업이 경쟁력을 갖는 것을 우리는 이미 경험하고 있다.

로봇이 결코 따라올 수 없는 독보적인 분야를 찾고, 자신이 하고 싶은 일을 선택해 그 일을 하기 위해서 시스템을 만들어 나갈 수 있는 힘. 그것이 바로 제4차 산업혁명 시대의 초인재상이다.

영국 컨설팅업체 미래연구소(The future laboratory)와 미국 마이크로소프트(Microsoft) 연구팀이 공동으로 '10년 뒤 등장할 미래 직업 보고서'를 발표했는데 영국 매체 인디펜던트는 이 보고서를 인용해 10년 후 주목받을 새 직업군 10개를 소개했다.

"미래의 대학 졸업생들은 가상세계와 우주에서 일자리를 갖게 될 것이다. 이는 AI 나 로봇이 인간의 일자리를 빼앗을 것이라는 일반적인 생각과는 달리, 새로운 기술의 확대는 이전에 듣지도 보지도 못했던 무수한 새로운 직업들을 만들어 내는 것이다"

미래에는 새로운 산업이 탄생하고 새로운 직업들이 많이 생겨나는 만큼 존재하는 것들을 교차하고 융합시켜 새롭게 활용할 수 있는 직업들을 선택해야 한다. 이들 직업군을 통해 어떤 직업이 미래를 이끌어 나갈지 함께 살펴보도록 하자.

① 가상공간 디자이너(Virtual Habitat Designer)

② 윤리 기술 변호사(Ethical Technology Advocate)

③ 디지털 문화 해설가(Digital Cultural Commentator)

④ 프리랜스 바이오해커(Freelance Biohacker)

⑤ 사물인터넷 데이터 분석가(IoT Data Creative)

⑥ 우주투어 가이드(Space Tour Guide)

⑦ 퍼스널 콘텐츠 큐레이터(Personal Content Curator)

⑧ 생태복원 전략가(Rewilding Strategist)

⑨ 지속가능한 에너지 개발자(Sustainable Power Innovator)

⑩ 인체 디자이너(Human Body Designer)

① 가상공간 디자이너(Virtual Habitat Designer)

우주에 도시를 건설할 때 사람들이 거주할 공간을 디자인하는 분야다. 우주에 가상 환경을 만들어 공간을 설계하고 활용도를 높여 사람들이 생활하는 동선에 불편함이 없도록 하는 것이다. 아직은 많은 사람들이 우주에 갈 수 없기 때문에 가상공간을 통해 설계하고 우주라는 환경적 요인을 고려해 도시를 설계하는 것이다. 태양광이나 친환경 에너지를 통해 사람들이 살 수 있도록 하고 물을 끌어오는 방법도 가상공간 디자이너들이 고민해야 할 부분이다.

② 윤리 기술 변호사(Ethical Technology Advocate)

과학이 발달하면서 윤리적인 면도 함께 중요시되고 있다. 과학과 기술은 견제돼야 할 분야다. 자연의 법칙에 기술력이 더해져 인공적인 자연의 법칙으로 대체되고 있다. 과학기술과 윤리. 특히 생명과 인공지능에서의 윤리문제는 더 이상 간과할 수 없는 상황에 직면했다. 인간을 행복하게 하는 과학과 과학을 발전시키는 윤리가 필요하다. 앞으로 이와 관련한 법조항이 만들어질 것이다. 이때 법을 해석하고 분석할 수 있는 변호사의 역할이 중요해질 것이다.

③ 디지털 문화 해설가(Digital Cultural Commentator)

디지털 기기를 통해 정보를 전달 받을 수 있는 만큼 요즘은 박물관도 디지털 박물관으로 개관하고 있다. 이때 디지털 문화 해설가는 사람들이 언제라도 접속해 정보를 얻을 수 있도록 디지털 안에서 여러 정보를 제공한다. 또한 기기들이 계속 개발되고 세분화 되고 있는데, 기기를 사용할 수 있는 방법과 함께 기기들을 통해 우리가 누릴 수 있는 문화적 요인을 해설해 줄 수 있는 전문가다.

④ 프리랜스 바이오해커(Freelance Biohacker)

전문기관에 소속되지 않고 생명과학 연구를 통해 사회적으로 유익한 결과물을 창출하는 직업이다. 바이오 분야가 발달할수록 노화지연 및 생명연장이 가능하게 된다. 새롭게 발병될 병이나 사회적 문제점을 해결하고 대안을 찾아가는 전문가다.

⑤ 사물인터넷 데이터 분석가(IoT Data Creative)

여러 채널을 통해 다량의 데이터가 쏟아지며 계속 쌓인다. 데이터를 분석하고 고급 정보를 큐레이팅하는 것은 미래에 정말 중요한 능력이다. 축적된 데이터를 기반으로 한 연구는 새로운 개념의 상품을 만들어 내는 원동력이 될 수 있다. 이런 데이터 분석의 능력은 모든 분야에 꼭 필요한 요소가 될 것이다.

⑥ 우주투어 가이드(Space Tour Guide)

주인 없는 화성을 사기 위해 돈을 지불하는 사람이 있다. 누가 승인해 주는 것도 아닌데 미래 투자가치를 보고 돈을 내고 화성의 일부 면적을 사고 있는 것이다. 우주를 여행하기 위해 대기하는 사람도 계속 늘어나고 있다. 우주투어 가이드는 우주를 여행할 때 꼭 필요한 사람이다. 우주 환경에 맞도록 과학적 요인을 모두 숙지한 전문가로 안전한 우주여행을 책임질 것이다.

⑦ 퍼스널 콘텐츠 큐레이터(Personal Content Curator)

미래에는 자신의 맞춤형 데이터를 통해 여러 콘텐츠를 만들 수 있다. 개인이 소장한 데이터를 큐레이팅 하여 선별하고, 정제된 데이터를 활용해 콘텐츠 만들고 이를 눈에 보이게 만들어 주는 것이 퍼스널 콘텐츠 큐레이터의 역할이다.

⑧ 생태복원 전략가(Rewilding Strategist)

멸종된 동물이나 숲 등을 다시 되살릴 수 있도록 하는 사람들이다. 생태복원기술의 발전으로 여러 방면에 활용도가 높은 직업으로 여겨진다.

⑨ 지속가능한 에너지 개발자(Sustainable Power Innovator)

유한한 탄소에너지의 한계를 극복하고자 자연환경 속에서 에너지를 얻는 방법들이 많이 개발되고 있다. 태양열이나 조력 발전을 비롯해 수소나 메탄을 이용해 에너지를 활용 수 있게 되었다. 아직까지는 경제성이 떨어져 상용화하고 있지는 않지만 기술 혁신을 통해 지속가능한 에너지로 변모할 것이다. 지구 온난화 문제 해결과 탄소에너지의 종말 이후를 생각하면 시급한 과제라 할 수 있다. 우주에서도 주변 환경을 통해 에너지를 손쉽게 만들어 낼 수 있도록 연구하고 있다.

줄기세포와 DNA를 활용해 개개인의 신체에 맞춤형 가치를 부여해 주는 의료 에이전시가 생길 것이다. 그 일을 하는 직업이 바로 인체 디자이너. 아픈 곳이 있다면 세포 조작을 통해 완치할 수 있도록 해주고, 돋보이게 하고 싶은 부분이 있으면 미용 콘셉트가 적용된 유전자 기술을 활용해 기호에 맞게 고칠 수 있도록 해준다. 또한 건강 문제를 미리 예방하기 위해 맞춤형으로 운동을 하도록 한다든지 장애가 생기지 않도록 미리 예방법을 만들어 준다. 인체 디자이너들의 부가가치가 매우 높아질 것이다.

미래를 품은 글로벌 리더의 조건

올해 초 홍콩 사우스차이나모닝포스트 보도에 따르면 "중국 정부는 노벨상 수상자, 세계 일류대학의 박사후 연구자, 우수한 스포츠 코치와 선수 등 외국인 고급 인재에게 5년 또는 10년짜리 장기비자를 발급해 주기로 했다"고 한다. 중국 정부는 장기비자를 제공하고 중국기업에서는 중국의 평균 임금보다 6배 이상 많은 9천만 원으로 연봉으로 책정했다.

파격적인 중국의 정책에 한국의 일부 유능한 연구원들도 중국으로 건너갔다. 한국보다 3배 이상 주는 중국의 제안이 솔깃할 수밖에 없었다. 무엇보다 연구를 온전하게 할 수 있도록 각종 편의시설도 제공한다고 하니 거부할 도리가 없었을 것이다. 10년 전만 해도 우리나라도 인재를 영입하기 위해 세계적인 금융회사인 골드만삭스나 컨설팅 회사인 맥킨지의 연봉보다 20~30% 더 높은 연봉으로 인재를 영입하곤 했다.

이런 파격적인 중국의 인재전쟁과 더불어 요즘 큰 문제 중 하나로 떠오르는 이슈는 산업기술 유출이다. 주요 대기업 전문 인력이 미국과 중국으로 잇따라 이직하면서 중요 기술정보도 함께 유출되고 있다. 글로벌 '인재전쟁'이 '정보유출'로 이어지는 것이다.

제4차 산업혁명 시기의 중요한 재산이 정보와 정보구성력인데 말하자면, 지적재산과 두뇌라고 할 수 있다. 기술력의 원천인지식재산권을 확보하기 위해 해외 특허 신청이 계속 늘어나고 있고, 점점 특허기술과 특허법원의 역할도 중시되고 있다.

이러한 복잡한 현실 속에 인재를 양성하고 기업을 발전시키고 이끌어 나가야 하는 글로벌 리더들은 어떻게 대응하고 있을까?

글로벌 리더 소프트 뱅크 손정의 회장의 인재구축 방식을 들여다보자.

중국에서 제4차 산업혁명 시대를 맞아 세계적인 기업으로 발돋움한 곳은 알리바바 그룹이다. 알리바바에 대한 자금 지원을 일본투자회사 소프트뱅크의 손정의 회장이 결정했다.

손 회장은 후배 기업가들을 성장시키거나 기업이 잘 운영될 수 있도록 물심양면으로 도와주는 역할을 하는 것으로 알려져 있어 전 세계의 기업가들이 만나고 싶은 사람 중 한 명이다. 잘 성장한 기업의 리더 한 명이 국가를 넘나들며 중국 기업가들을 양성시키고, 미국의 창업가들을 지원하는 등 세계적 판로를 바꾸며 산업을 함께 일으키고 있는 것이다.

손 회장이 돈을 많이 벌었기에 가능한 일이라 말하고 싶지만 그리 만만하지 않았던 그의 어린 시절을 살펴보면 그의 행보를 이해하게 된다.

손 회장은 세계를 대표하는 천재 경영자가 되기까지 어린 시절부터 고난을 극복해야 했고 많은 역경의 시기를 보냈다. 다만 다른 점이 있다면 19살 때부터 인생 50년 계획을 세웠는데 현재진행형으로 여전히 계획된 삶을 살기 위해 노력 중이라는 것이다.

손정의 회장이 세운 삶의 계획은 이렇다.

20대에는 회사를 세우고 세상에 나의 존재를 알린다.

30대에는 최소 1000억 엔의 자금을 모은다.

40대에는 조 단위 규모의 중대한 승부를 건다.

50대에는 사업을 완성한다.

60대에는 다음 세대에 사업을 물려준다.

그리고 이를 완벽히 수행해 모두 이뤘다. 2018년 1월 현재, 손정의 회장의 나이는 예순 살인데 현재 소프트뱅크 그룹의 매출 규모가 6조 엔을 크게 넘어서면서 목표를 이미 달성해, '다음 세대에 사업을 물려준다'라는 다음 단계의 목표를 앞당겨 실행하고 있다.

계획을 세웠더라도 원하는 만큼 목표를 이뤘다면 자신의 안위를 위해 즐기는 삶을 살아도 될 텐데 다음 세대를 위한 사업 구상을 여전히 실현하고 있다. 21세기 리더들은 본인만 생각하는 게 아니라 미래사회의 구성원들까지 모두 관장하며 영향력을 펼치고 있는 것이다. 그 점이 바로 돈이 많아 투자자로서의 역할을 하는 기업의 대표가 아니라 사회를 책임져야 하는 기업가 정신이 바탕이 돼 있기에 가능했던 것이다.

손 회장은 돈 버는 것도 남달랐다. 벤처기업이 성공하려면 틈새시장을 노려야 한다는 게 일반적인 시각인데 손 회장은 "틈새를 노리는 것은 내 성격에 맞지 않는다"며 "남이 모방할 수 없고 사회발전에 공헌이 되는 사업"으로 사업체를 꾸렸다.

최근엔 IT 스타트업을 중심으로 투자를 늘리고 있는데 차량공유 서비스 스타트업인 중국의 디디추싱, 싱가포르의 그랩과 인도의 올라, 미국의 우버, 공유 오피스 기업인 We-Work와 실내 농장 벤처기업 플렌티 등에 투자했다. 올해만 애견 산책용 스마트폰 앱 웨그에 거액을 투자했으며 한국의 네이버에도 투자하기 위해 협상을 이어가고 있다.

소프트뱅크는 전자상거래에서부터 무인주행차, 가상현실 등으로 투자를 확대하면서 소프트뱅크그룹을 글로벌 그룹으로 개조하고 있다.

손정의 회장은 잘 될 기업에 투자만 하는 것은 아니다. 기업 간의 M&A를 통해 새로운 부가가치를 창출해 낸다.

지난 2016년 7월 영국 런던에 있는 반도체 설계자산(IP) 업체인 ARM을 인수하는 조건이 매우 파격적이었다. 상장사인 ARM의 주식을 시장평가액보다 43% 높은 가격에 사들였는데, 240억 파운드(약 3조 3000만 엔)은 일본 M&A 역사상 가장 큰 인수 금액이었다. 높은 가격을 불렀던 이유는 단 한 가지였다. ARM 기반 반도체로 스마트폰이나 그래픽카드, AR 등 1조개의 기기를 연결하겠다는 손 회장의 포부 때문이었다. 단지 돈을 벌기 위한 M&A가 아니라 세계인에게 편리함을 줄 반도체 알고리즘을 하나로 만들어 모든 기기를 연결하기 위한 야망이었기에 가능한 것이다.

손 회장은 글로벌 리더들의 표준 모습이라고 할 수 있다. 손 회장뿐 아니라 마이크로 소프트 빌 게이츠, 테슬라 모터스 일론 머스크 등도 같은 철학을 가지고 사업을 하고 있다. 각각의 사업은 다르지만 인류에게 공헌하기 위한 일들로 사업을 확대해 일하고 있다.

글로벌 리더 클라우드 슈밥 회장이 전하는 글로벌 리더들의 특징을 들여다보자.

지난 2016년 10월 18일 방한한, 제4차 산업혁명 시대를 연구했던 세계경제포럼의 클라우스 슈밥 회장을 한전아트센터에서 만나 글로벌 리더의 조건에 대한 이야기를 들었다.

21세기의 글로벌 리더들에게는 공통적으로 비전(vision)과 영혼(soul), 열정(passion) 그리고 마음(heart)이라는 특징이 있다고 말했다. 그리고 리더가 되기 위해서 우리가 하고 있는 분야에서 탁월한 능력을 보여줘야 한다고 강조했다.

"비전이 있어야 하고 또 마음속에 나침반이 있어야 합니다. 그래서 목표가 어느 방향인지 그곳으로 나아가야 합니다. 그와 더불어 따뜻한 마음이 있어야 하고, 하고자 하는 일에 열정이 있어야 합니다."

위대한 리더가 되기 위해서 비전과 소울, 마음, 열정. 이 네 가지가 필요한 이유는 급변하고 복잡한 상황에 잘 대응할 수 있는 용기가 중요했기 때문이었다.

클라우드 슈밥 회장이 꼽은 글로벌 리더는 두 명이었다. 네 가지 특징을 모두 가진 사람은 남아프리카공화국 최초의 흑인 대통령이자 흑인인권운동가인 '넬슨 만델라'와 전 싱가포르의 지도자 '리콴유'였다.

글로벌 리더가 되기 위한 4가지 기질은 사업가뿐 아니라, 정부 지도자에게도 꼭 필요한 덕목인데 그렇게 해야만 국민들이 함께 따라갈 수 있는 나침반이 되어서 방향을 제시할 수 있다.

'리더는 단순히 어떤 것을 제시하는 것뿐 아니라 경청을 할 수 있어야 하는 사람'으로 강조했다. 사람들의 말에 귀를 기울여야 앞으로 어떤 방향으로 나아갈 것인지를 함께 결정할 수 있다는 말이었다.

지난해 2017년 1월에 개최된 세계경제포럼의 주제는 '책임감 있으면서 잘 대응할 수 있는 리더(responsible and responsive leader)'였다. 단순히 4년마다 선거를 통해서 선출이 되는 그런 지도자가 아니라 적극적으로 대응할 수 있는 그런 지도자인 동시에 책임감 있는 지도자가 돼야 한다는 판단 때문이었다. 21세기의 글로벌 리더는 '사람들의 기대를 파악하고 본인이 중요하다고 생각하는 것을 통합'을 할 수 있는 인재로 규정했다.

우리가 가야 할 방향을 비전으로 명확하게 설정한다면 눈앞에 닥친 경쟁은 당당하게 헤쳐갈 수 있다. 우리는 에너지를 사소한 것에 소비하지 말고 핵심적인 것에 초점을 두고 스스로를 거기에 맞춰나가야 한다.

클라우드 슈밥 회장이 본 21세기 글로벌 리더들의 모습들을 종합해 보니, 인류에게 도움을 줄 수 있는 것을 찾아서 만들어 나가는 것과 세계 문제에 대안을 찾고 해결할 수 있도록 하는 것. 나와 함께 사회, 국가, 세계를 생각하며 에너지를 모으고 앞으로 일을 향해 전진하는 것 등을 강조했다. 그들은 한국형 초인 재의 모습과도 같았다.

장미꽃 인생과 찔레꽃 인생

민경 씨는 스물다섯 살에 대기업에 입사한 신입사원이다. 대학 시절부터 공부도 잘했고, 취업 준비를 단단하게 한 덕분에 대학 졸업과 함께 바로 대기업에 입사할 수 있었다. 그런 그녀가 회사를 그만두고 외국으로 유학을 갈 생각을 하고 있다. 어렵게 입사했고 일도 차츰 손에 익어가고 있는데 말이다. 직장에서 배우는 것도 많아 초인재로 거듭나기 위한 인생계획도 세웠던 찰나였다. 민경 씨가 유학을 준비하게 된 이유는 직장에서 일어난 한 사건 때문이었다.

점심을 먹기 위해 회사를 나서던 중 대학 동창이었던 진주 씨를 만나게 되었다. 진주 씨는 사법고시에 패스해 변호사가 됐는데 자신이 다니는 회사의 경리과장을 만나겠다며 회사로 찾아온 것이다. 반가운 마음에 과장께 내가 안내해 주겠다고 말한 뒤 함께 사무실로 올라갔다.

과장은 정중하게 진주 씨를 기다리고 있었고, 민경 씨가 함께 등장하니 민경 씨는 그만 나가보라면서 진주 씨만 반갑게 맞이했다. 그리고 점심을 하기 위해 둘만 나가는 모습을 지켜보게 되었다.

민경 씨와 진주 씨, 대학 시절에 같은 공간에서 함께 공부하며 친하게 지낸 친구였는데 사회에서는 진주 씨가 훨씬 잘 나가는 것처럼 보였다. 민경 씨가 회사에서 부서가 다른 경리과장을 볼 수 있는 날은 손에 꼽기도 꼽을뿐더러 직급이 한창 높은 상사와 함께 점심을 먹는다는 것은 상상할 수 없는데 진주 씨는 이렇게 자신보다 직급이 높은 사람들과 식사를 하면서 소통하고 있었다.

회사생활에 회의가 찾아왔다. 자신의 인생이 뭔가 잘못되었다고 생각했다. 자신이 회사생활을 하면서 과장이 돼 그들과 어울리려면 10년이 넘게 걸리는데 이럴 수는 없었다.

퇴사를 염두에 두고 대학 시절 지도교수를 만났다. 그때 민경 씨가 만났던 교수가 조동성 당시 서울대학교 경영학과 교수였다. 민경 씨가 회사를 그만두는 이유를 듣자 조 교수는 찔레꽃 인생과 장미꽃 인생의 이야기를 들려줬다.

조동성 교수는 우리나라의 경영학의 영적 스승으로서 세계경영학회에서도 학문적으로 큰 역할을 한 학자다. 현재는 인천대학교 총장으로 있다.

"일찍 빛을 보고 별 어려움 없이 무난하게 살아가는 찔레꽃 같은 인생이 있는가 하면, 낮은 위치에서 시작해서 오랜 기간 인내의 시간을 거치다 비로소 화려한 꽃을 피우는 장미꽃과 같은 인생이 있는 거지."

어린 나이지만 변호사로서 승승장구하면서 의뢰인들을 만나러 다니는 전문 직종의 사람들이 찔레꽃과 같은 인생이라면 회사에 입사해 낮은 직급에서부터 오랜 기간 동안 일하다가 CEO가 되는 인생이 바로 장미꽃과 같은 인생이다.

따라서 민경 씨가 장미꽃과 같은 인생이라면 진주 씨는 찔레꽃과 같은 인생을 살고 있었던 것이다. 처음에는 승승장구하는 찔레꽃 같은 인생이 사회적 위치가 높아 보이지만 세월이 흐른 다음에는 장미꽃 인생의 사회적 위치가 높아진다는 이야기였다. 20대에는 별 어려움 없이 무난하게 살아가는 사람들이 좋아 보일지 모르겠지만 시간이 지나면서 낮은 직급의 사람들이 해야할 역할이 점점 많아지면서 그들을 컨트롤 하게 되는 인생이 만들어지는 것이다.

조동성 교수는 민경 씨에게 찔레꽃이든, 장미꽃이든 둘 중 어떤 인생을 선택하느냐에 따라 자신이 감내해야 하는 삶의 과정이 달라진다고 귀띔했다.

우리가 현재의 위치만을 생각하며 인생을 살아간다면 그 성공의 달콤함에 취해 삶의 다양한 아름다움을 제대로 보지 못할 수도 있다. 하고자 하는 일이 있다면 긴 안목을 가지고 차근차근 해나가는 게 중요하다.

초인재도 성공을 한 번에 거머쥔 것이 아니다. 20대부터 실패와 성공을 두루 거치면서 일의 영역을 확대한 것처럼 말이다.

다행히 민경 씨는 유학 가는 것을 포기하고 다시 직장 생활을 열심히 하게 되었다. 직장 생활에만 안주하지 않기 위해 초인재처럼 관련 분야 종사자들과의 모임도 갖고, 업무 파트너들과 돈독한 친구 관계도 맺으며 말이다.

제4차 산업혁명 시대에도 이렇게 찔레꽃 인생과 장미꽃 인생은 존재한다. 우리가 사회적인 기준, 다른 사람의 기준으로 사람들을 평가하고 인생을 설계한다면 일정 시간이 지난 후 찾아오는 인생의 고단함을 이겨낼 수가 없다.

자신이 세운 인생의 계획을 향해 나아갈 때 그 계획은 온전히 자신의 의지로만 세워진 계획이어야지 꾸준하게 성취할 수 있는 힘이 나온다. 실력 있는 50대 변호사로 사회구현과 공헌활동, 의뢰인들의 권리를 위해 일하는 소명 있는 변호사라면 20대의 CEO를 만나거나 10대의 의뢰인을 만나도 인생에 전혀 흔들림이 없을 것이다.

본 내용은 『장미와 찔레』(김성민, 조동성, 아이웰콘텐츠, 2007년)의 일부 내용을 참고하였습니다.

2장

초인재 마인드,
샐러리맨 NO,
비즈니스맨 YES

실리콘밸리의 신입사원들

마크 주커버그는 페이스북의 신규 직원을 채용할 때, 같이 일하기에 적합한지를 알아보기 위해 간단한 질문 하나를 던진다.

"내가 이 사람을 위해 일 할 때, 그 사람도 나를 위해 일 할 수 있는가?"

이 질문은 사람들을 채용하기에 가장 좋은 테스트가 되었다. 이 질문에 통과한 사람들은 페이스북에서 주커버그와 함께 일하고 있다.

이들은 회사의 이익을 위해 일하고 있지만 결국은 모두 자신의 비전과 이익의 실현을 위해 일하고 있는 것이다. 샐러리맨이 아니라 전문가로서, 비즈니스맨으로서의 삶을 살고 있는 것이다.

비즈니스맨들이 실리콘밸리에서 일하는 이유는 수평적인 관계에서 일하며 업무의 효율을 높이기 때문이다. 팀별로 구성돼 자신의 업무를 능동적으로 하면 되는데 매일, 매주 담당 매니저에게 자신이 한 일과 할 일들을 보고서 형태로 제출한다. 매니저가 보고서를 받는 것은 그들을 감시하기 위해서가 아니라 그들이 원만하게 잘 일할 수 있는 환경을 만들어 주기 위한 것이다. 직장 생활을 하면서 어려운 일이나 업무하면서 필요한 부분을 요청하면 수평적인 관계에서 매니저들이 돕는다.

복지체계도 잘 돼 있어 육아휴직을 요청할 때도 눈치 보지 않고 신청하면 된다. 실제로 미국에서는 육아휴직 정책이 없는데 실리콘밸리 기업에서는 복지차원에서 기업별로 유급과 무급으로 육아휴직 기간을 보장해 준다. 육아휴직은 엄마와 아빠 모두 쓸 수 있다. 육아휴직에 다녀왔다고 해서 직장 내에서 불이익을 주지도 않는다. 또한 휴직 기간을 마치고 회사로 복귀한 후에도 일정 기간 동안 주 3일 일할 수 있도록 배려해 준다. 업무에 적응할 수 있도록 회사가 도와주는 역할을 한다. 또한 내가 하던 업무를 다른 사람에게 인수인계하더라도 빈자리를 느끼지 못할 정도로 프로세스가 마련돼 있다. 그런 역할을 모두 팀 매니저가 맡게 되는 것이다.

실리콘밸리 사람들은 매니저를 통해서 업무를 상의하고 일할 수 있는 최적의 상태를 만들어 가며 일에 집중한다. 프로젝트를 마치고 3~4주 동안 휴가도 즐길 수 있는데 다양한 국가에서 모인 직원들이라 1년에 한 번 고국에 다녀올 수 있도록 휴가도 길게 준다. 또한 집안에 사정이 있다면 매니저와 상의해 출퇴근 시간을 조정할 수도 있고, 집에서 재택근무를 하기도 한다.

장기간 휴가 외에도 단기간의 휴가도 많기에 직접 업무를 해야 할 사항이면 원격으로 일할 수 있도록 배려한다. 실리콘밸리의 기업 문화가 이렇게 자리 잡게 된 이유는 구성원들 모두 같은 목표를 가지고 일하고 있기 때문이다.

실리콘밸리 기업에 입사하기 위한 다양한 방법이 있다. 가장 보편적인 방법은 헤드헌터를 통한 리크루트 제도와 스카우트 제도다. 해당 업무에 적합한 인재들을 찾는 일이다. 대학교시절부터 뛰어난 능력을 보이거나 각종 대회 등에서 성과를 나타내는 학생들이 주로 리쿠르트 대상이다. 또한 '링크드인 인재풀'에 등록해 헤드헌터들의 눈에 띄는 사람들도 많다.

실리콘밸리 입사는 대부분 4단계를 거치는데 서류심사와 화상면접, 초청면접, 연봉협상이다. 대부분 다양한 국가에서 오는 인재들이기에 학벌보다 능력 위주로 채용 여부를 결정한다.

이렇게 뽑힌 실리콘밸리의 신입사원들의 연봉은 적게는 1억에서 많게는 4억이다. 또한 연봉 외에도 보너스와 주식도 함께 받는다. 현재는 비상장 회사지만 얼마 후 상장 가능한 회사라면 눈여겨볼 만 하다.

실리콘밸리는 이직을 자주 하면서 새로운 업무를 많이 접해 본 사람들에게 더 큰 점수를 주는 만큼 다른 회사로 이직하는 걸 선호하는 편이다. 자신이 그동안 일궜던 성과를 바탕으로 헤드헌터를 통해 이직하게 되는데 스카우트 된다면 더 높은 연봉을 받는다.

반면에 프로젝트에 실패해서 회사를 떠나게 되는 경우도 많으니 섣불리 실리콘밸리의 환상을 가지면 안 된다.

조인재

세 사람 몫을 하는 사람들

사람의 마음을 움직이는 것이 목표다

박연수_서강대학교 초빙교수

기업을 글로벌 회사로 성장시키는 초인재는 능력도 능력이지만 그 기질이 남다르다. 문제를 해결하려는 그 목표가 다른 사람들의 마음까지 움직여 결국 일을 성공으로 이끈다.

모든 사람에게 똑같이 주어진 시간이지만 그들은 언제나 일을 삶의 우선순위에 올려놓으며 그 일을 즐긴다. 그들도 일이 버겁지 않은 건 아니다. 하지만 즐거운 마음으로 그것을 감당한다. 일은 즐거운 것이다. 그들이 하는 일은 처음 시도하는 일이기에 일을 만들어가는 과정에서 실수와 장애가 있더라도 새로운 사람들이 나타나 도움을 주기도 한다.

누구나가 일의 패턴만 알면 다 할 수 있는 일이라고 할 수 있지만 초인재는 마지막까지 결과를 선택하고 책임지며 끝까지 남아 성과를 낸다.

모든 사람을 대등하게 대하고 다양한 의견을 존중한다. 개개인 모두가 개성과 능력이 있다는 것을 믿기 때문이다. 그래서 시간을 쪼개서 사람들의 이야기를 경청하고 항상 새로운 사람들과 네트워킹을 하고 교류한다. 사람들은 초인재의 소통하려는 기질과 매력적인 경청 능력에 매료돼 그들의 만남을 기억하고 다시 보고 싶어 한다. 한 번의 만남이지만 상대를 기억하고 역할을 분석해 함께 일하기를 바라기에 다음 만남을 기약하는 것이다.

초인재 한 사람을 소개한다. 우리나라 지도를 새롭게 바꾼 남자, 박연수 전 인천시 도시계획국장이다. 지금은 서강대학교 초빙교수로 재직하고 있다. 초인재로 함께 일하고 싶고, 평생 교류하고 싶은 사람이다.

서른세 살에 인천시 도시계획국장으로 선임돼 아무것도 없는 인천 앞바다와 섬과 섬 사이를 메워 세계적인 국제공항과 관광단지, 송도국제도시를 건설했다. 기술고시에 합격해 인천으로 발령받아 해낸 그의 성과다. 서른세 살 젊은 나이였지만 그동안 구상했던 도시계획을 가지고 영종도와 용유도 사이 바다를 매립해 세계 최고 시설의 인천공항을 만든 장본인이다.

비용은 다른 나라가 국제공항을 만드는 것에 비해 10%만 들었다. 섬에 있는 일부 산을 깎아 벨트형 이동기로 모래를 운반하여 물류비를 아꼈다. 그가 선정한 인천공항 입지의 압권은 경제성과 미래성이다. 공항 부지를 위한 매립비용은 같은 시기, 같은 목적으로 만들어진 일본 간사이공항의 1/20 수준이었고 24시간 운영과 미래 항공기와 공항설비를 수용할 수 있는 입지였다. 공항부지 매립은 섬을 깎아 컨베이어벨트로 쏟아 부었고 신도시 매립은 인근 바다모래를 준설해서 채웠다. 공사기간의 단축은 물론 비용절감으로 사업성공의 기반이 되었다.

당시 영종도는 갯벌이 끝없이 펼쳐진 외딴 섬이었는데 인천과 경기도는 수도권 개발 억제 정책의 중점 대상이어서 개발이 어려웠던 곳이었다. 또 영종도와 용유도는 인천시가 아닌 경기도의 행정구역이었는데도 인천시로 행정구역을 바꿔가며 중앙정부를 설득했다.

서른을 갓 넘긴 지방공무원이 매일 중앙정부를 찾아와 국가와 지역의 장래를 위해 영종도에 국제공항을 만들어야 한다고 설득하는데 모두들 당해낼 재간이 없었다.

당시 아무도 이 무모한 사업이 성공하리라고 생각하지 못했다. 사업의 중심인 영종도와 용유도는 경기도 행정구역이었고,

송도신도시 개발은 수도권 억제정책의 높은 장애를 넘기 어려웠으며, 수도권 신공항은 이미 청주로 결정되어 부지 매입이 진행되고 있었다. 그러나 지금 영종도 용유도는 인천 땅이 되었고 송도국제도시는 미래 도시로 국제적 평가를 받고 있으며 인천공항은 한국인의 자존심이 되었다.

시대를 앞서가는 한 공직자의 혜안과 집념이 미래의 초석을 만들고 바다를 매립하게 해 우리나라의 땅의 지도까지 바꾸게 한 것이다.

그는 젊은 패기와 안목으로 바다를 매립해 세계적인 공항을 건설했다. 그것도 모자라 우리나라 땅의 면적까지 늘렸다. 이는 곧 국가사업으로까지 지정됐고 큰 프로젝트를 성공으로 이끌어 언론의 찬사도 이어졌다. "대한민국의 지도를 바꾸어 놓은 사나이 박연수 국장"이라는 수식어가 생겼다.

인천공항을 만든 이후에도 영종도와 송도신도시를 잇는 인천대교 건설을 추진했고, 세계적인 국제공항의 위상에 걸맞은 송도신도시를 국제 비즈니스 중심도시로 만들었다. 모두 계획 단계부터 구상해 추진한 프로젝트다.

인천대교 길이는 $21.38km$이며 교량이 $12.12km$(사장교부분만 18.38km)로 세계에서 6번째로 긴 다리다. 바다와 공항, 그리고 신도시를 연결하는 의미와 규모를 모두 갖춘 세계적인 교량으로 대표되고 있다.

평범하기 그지없는 섬이 국제도시로 탈바꿈된 것이다. 많은 사람이 주목하지 않았던 섬을 기회의 땅으로 본 안목은 무엇이었을까.

도시계획 행정을 맡게 된 1980년대 당시 박연수 국장의 눈에 비친 인천은 미래를 차단당한 도시였다. 서울의 해상 관문인 인천은 근대 문물의 도입 통로였고, 일찍이 공업화가 이뤄진 곳이었다. 하지만 서울과 가까운 임해도시란 이유로 돌아온 것은 혜택이 아니라 수도권 규제였는데 그의 눈에는 인천이 가진 매력적인 요소가 여럿 보였다. 한국의 관문으로 불리는 지리적 입지가 있었고, 좀 더 시야를 넓히면 한·중·일 3국의 중심에 위치한 동북아 허브로서의 모양새가 매력적이었다. 한 사람의 안목이 지역을 넘어 한 국가, 세계를 주목하게 한 것이다.

홍콩을 모델로 두고 '포스트 홍콩' 전략을 세웠고, 현재까지 송도국제도시는 동북아시아 국제비즈니스의 중심도시이자 스마트시티로 세계적인 도시들과 어깨를 나란히 하고 있다. 그의 예측은 20년 후 그대로 들어맞았다.

초인재는 새로운 것을 발견했을 때 목표를 이루기 위해 백방으로 노력하는 사람들이다. 생각을 현실로 구현해 내기 위해서다.

박연수 국장이 프로젝트를 시행하면서 대통령이 4명이나 바뀌게 되었다. 전두환, 노태우, 김대중, 노무현 대통령까지. 발상 자체가 너무 획기적이라 많은 사람이 프로젝트에 대해 이해하려는 의지조차 없었는데 설득에 설득을 거쳐 대통령들은 모두 그의 구상에 동조했다.

그렇게 탄생한 인천경제자유구역은 영종, 청라, 송도를 주축으로 국제비즈니스 도시로 명명하며 세계의 유수의 기업들을 유치하고 있다. 바이오클러스터이자 교육중심 도시로서의 역할도 톡톡히 하며 세계인의 이목을 사로잡고 있다.

더욱이 인천과 뉴욕을 3시간만에 관통하는 SST(Super Sonic Transportation) 여객기가 도입되면 인천공항은 활주로를 7Km로 넓혀 미국과 유럽으로 가는 동북아시아의 거점 공항터미널의 역할도 할 수 있기에 인천공항의 가치는 세월이 흐를수록 점점 높아진다.

이 프로젝트에 많은 사람의 지원과 설득이 있었고, 미래전략이 있었다. 박연수 국장의 일하는 방식은 전 세계에도 없던 방식으로 우리는 이런 그의 기질과 철학을 본받을 필요가 있다.

불편한 것을 당연하게 여기지 말라
박정호_KDI 한국개발연구원 연구원

또 한 사람의 초인재를 소개한다. 박정호 KDI 한국개발연구원 연구원이다.

돌파형 기질을 가진 사람은 세 사람 몫을 거뜬히 하는데 그중 한 사람이 박정호 한국개발연구원(KDI) 연구원이다. 그는 냉철한 분석력을 바탕으로 한 경제 이론과 실무를 겸비하고 있다. 주로 국가정책 연구보고서를 내는 일을 한다. 현장에 나가 시민의 의견과 전문가의 안목을 두루 섭렵해 연구보고서를 작성한다. 연구보고서 외에도 많은 프로젝트를 수행하고 있어 KDI 내부에서는 보직 변경이 가장 많이 된 인재이며, 핵심적인 프로젝트를 주도하고 있는 사람 중 한 명이다. 보고서 작성, 연구 성과 확산, 기획 업무, 경제교육 및 연구까지 최근에는 대외원조 업무를 수행하는 부서에서 경제박물관 건립 관련 업무를 수행했다.

KDI 연구원 이외에도 두어 가지 일을 겸임하고 있다. 경제 말고도 디자인 공부를 한 터라, 한국디자인단체총연합회에서 사무총장으로 일하고 있고, EBS, 연합뉴스, MBN 등에서 경제 방송을 하고 있고, 한국경제신문 등에 정기적으로 칼럼을 기고하고 있다. 첫 직장은 맥킨지 코리아였다. 그곳에서 노하우를 쌓은 기업보고서 분석력이 국가사업까지 관장할 수 있는 이력으로까지 이어졌다.

경제학을 바탕으로 한 연구, 집필, 방송 등을 계속하는 이유는 경제학이 '사람과 사람의 관계'를 이해하고 '사회가 돌아가는 걸 이해'하는 데에 중요한 요소이기 때문이다. '저 사람은 왜 저렇게 행동할까?' '어떤 직업이 더욱 유망할까?', '어디서 살아야 할까?' 등등의 질문들, 이런 질문에 대한 해석을 경제학이 가장 풍부하게 제시하기 때문이다.

그래서 박정호 연구원은 세 사람 몫의 일을 하고 있지만 일하는 방식은 하나라고 이야기 한다. 사람에 대한 애정으로 하고 일이라고 말이다.

일을 잘 수행하기 위해 스스로 불평, 불만이 많아야 한다고 조언한다. 내가 불편한 것을 당연하게 여기면 안 되고, 이 불편한 것을 어떻게 하면 해결할까 고민해야 하는 것이다. 예를 들어, 스마트 폰과 테이크아웃 커피를 같이 들고 가는 걸 자주 목격했다면, 그런데 그게 너무 불편해 보였다면, 컵홀더에 스마트 폰을 낄 수 있도록 만들 수 있다는 것이다. 이런 미묘한 불편함에서 우리가 수요를 찾을 수 있기 때문에 결국엔 사람에 관심을 가지는 게 중요하다고 조언한다.

박정호 연구원은 정부기관에서 일하면서 움직이는 돈의 규모가 수천억 원대이기에 프로젝트 진행에 만전을 기한다. 시간을 쪼개 전략을 수립하고 실행에 있어서도 빈틈을 허락하지 않는다. 무엇보다 시장을 잘 파악하고 있어야 하기에 잠시도 한눈을 팔 수 없다. 그의 프로젝트가 사회에 미치는 영향력이 다른 사안들과 사뭇 다르기 때문에 시간을 허투루 쓸 수 없다.

박정호 연구원은 삼십대에 큰 프로젝트를 맞아 실현시키며 일을 하고 있다. 책도 정기적으로 내고 있고, 방송도 꾸준히 하고 있다. 계속해서 세상과 소통하고, 사람들의 이야기를 듣기 위해서다.

사회적으로 큰 영향력이 있는 일을 맡기 위해서는 신입사원 시기에 자신을 초인재로 다듬어야 한다. 기회가 왔을 때 업무를 잘하기 위해서는 책임감을 느끼고 그만한 역할을 감당할 수 있는 능력을 키워야 한다. 일에서 한시라도 눈을 떼지 말아야 하고 계속 현실과 접목해야 한다.

작은 아이디어도 소중히 하라

박성진_외식프랜차이즈 청춘튀겨 대표

대기업 신입사원에서 곧바로 CEO가 된 초인재가 있다. 외식 프랜차이즈 청춘튀겨 박성진 대표다.

물류와 유통에 대한 남다른 분석력으로 당시 우리나라를 대표하는 유통업체와 대기업 다섯 곳에 합격하며 러브콜을 받았다. 면접 때 회사가 나아가야 할 방향과 입사 후 자신이 해야 할 일을 세세하게 발표했던 것이 주효했다. 다섯 곳의 기업 중 자신이 역할을 잘 할 수 있도록 배려한 BGF리테일에 영업관리직에 입사했다. CU 편의점을 갖고 있는 회사로 영업관리직은 자신이 맡고 있는 지역의 편의점들이 매출이 잘 나올 수 있도록 관리하는 역할이었다.

입사한 지 6개월, PB 우유가 담당 편의점에서 한 개도 안 팔린다는 것을 알고, 모형 인형을 만들어 몸에 좋은 성분을 표시하는 방법으로 프로모션을 했는데 그날 20여 개의 우유가 팔리는 성과를 냈다.

신입사원이 편의점 매출 향상에 기여했다는 것을 안 본사는 그 아이디어를 전국 CU편의점에 적용했고 그 결과 PB 우유 매출이 껑충 뛰었다.

또 대학교 교내에 파운데이션룸과 미팅룸이 있는 카페테리아형 편의점을 구축해 차별화를 시도했다.

그렇게 승승장구하던 유통회사를 나와 충북대학교 근처에 카페와 청춘튀겨 등 사업체 세 개를 운영하기 시작했다. 자신의 사업체를 운영할 자신감이 생겼고, 외식 프랜차이즈 사업에 매력을 느껴서다.

박성진 대표가 이렇게 신입사원에서 곧바로 사업체를 운영하는 CEO가 되기까지의 원동력은 '미친 실행력'때문이다. 지방대 출신으로 공모전 수상 경험도 없고 토익점수도 없는 스펙이 국내 최고 유통기업을 사로잡는 인재가 된 이유는 실행력이 발판이 되었다. 라면이나 겨우 끓이는 요리 실력이었지만 목표를 가지고 실행력을 바탕으로 일을 추진하니 이제는 새로운 메뉴도 개발하는 요리 프랜차이즈의 대표가 된 것이다. 사업체를 운영하면서 청년에게 힘을 불어넣어 주기 위해 전국 순회 강의도 하고 있다. 초인재로서 청년들이 실행력을 보여주기를 바라고 있다.

이것이 초인재가 현실에 안주하지 않고 목표를 이뤄내는 방법이다.

나이도 넘어서는 초인재
조장희 박사_세계 뇌과학 연구의 선구자

우리나라에서 '돌파형', '융합형' 인재로 청년들이 성장할 수 있도록 역할을 하는 사람을 떠올린다면 단연 세계적인 뇌과학자 조장희 박사다. 현재 수원대학교 브레인바이오센터장인 조장희 박사는 '돌파형'과 '융합형' 인재의 본보기다.

전자공학에서 물리학, 신경과학으로까지 학문의 폭을 넓힌 조 박사는 카이스트에서 전기·전자공학, 미국 컬럼비아대에서 방사선물리학, 스톡홀름 대학교와 UC얼바인, 캘리포니아대(UCLA)에서 방사선학과 신경과학을 가르쳤고, 가천대에서 뇌과학연구소를 10년간 이끌었다. 세계 최고의 권위를 지닌 미국 학술원 회원이며, 미 국립보건원(NIH)의 자문위원이기도 하다.

1972년 CT의 수학적 해법을 밝혀냈고, 세계 최초로 원형 PET 와 2T MRI, 7T MRI를 개발한 석학이다. 조장희 박사의 MRI 기술을 기반으로 생산된 MRI는 세계적인 장비로 이름 높다.

1936년생으로 현재 여든이 넘은 고령이지만 아직도 대학에서 연구를 활발히 하고 있다. 인류를 위해 꼭 개발해야 할 연구가 있기 때문이다.

고령에 매일 하는 연구가 힘들지 않은지 질문해도 "과학자가 연구 과제를 완성하기 위해 매일 연구하는 것은 당연하다"고 말한다. 조 박사의 연구실에는 언제나 각국에서 새롭게 발표되는 논문과 연구 자료가 가득 쌓여있는데 어떤 자료가 어디에 있는지 모두 기억하고 있다.

이렇게 연구 활동을 계속하는 이유는 세계 최고 해상도의 14T MRI 개발에 도전하기 위해서다. 전 세계 누구도 성공하지 못한 분야다. 14T MRI는 7T보다 일곱 배 더 선명한 영상을 제공한다. 극미세 혈관의 이상 징후도 일찍 발견해 뇌출혈, 치매, 파킨슨병, 알츠하이머병 등 고령화 사회에서 급증하는 뇌혈관 질환을 조기 진단할 수 있다.

그래서 현직 대학병원 신경외과 의사들도 조 박사의 연구실에 드나들며 함께 연구하고 있다. 기업인과 과학자, 기술자, 공학자도 조장희 박사를 찾아와 함께 의견을 나눈다.

전자공학을 전공한 조장희 박사는 어렵게 떠난 스웨덴 유학

길에서 핵물리학을 접하게 되고 미국 캘리포니아대학으로 부교수로 부임하면서 컴퓨터 단층촬영(CT)의 수학적 비밀을 풀어내며 뇌와 관련된 길로 들어섰다. 뇌는 놀랍도록 복잡한 기능을 수행하지만 여느 장기들과 달리 해부해 봐도 잘 모르기 때문에 새롭고, 재미있고, 풀어야 할 과제가 많아서 도전의식이 생겼다고 한다. AI를 개발하기 위해서는 뇌과학을 먼저 알아야 한다. 컴퓨터공학자들이 뇌과학을 먼저 공부하는 이유다. 조장희 박사는 이런 공학자들에게 뇌과학을 알려주는 역할을 하고 있다.

조 박사 연구실에는 삼성바이오로직스 대표나 스타트업의 사장단들이 모여 뇌과학을 공부하고 있다. 뇌과학을 통해 사회의 산적한 문제들을 해결하기 위한 활동이다. 그들은 제4차 산업혁명 시대를 이끌기 위해 빅사이언스를 공부하는데, 각 분야의 사람들이 모여 새로운 정보와 각자 연구한 결과를 나누고 있다.

실리콘밸리의 초인재들

훌륭한 사람과 같이 일하는 것이 중요하다

제시카 레신_디인포메이션 창업가

제4차 산업혁명 시대는 정보기술(IT) 혁명을 가져왔고, 소셜 미디어와 검색 플랫폼 기업이 세계를 대표하는 글로벌 기업이 되었다. 정보 공유화와 다층적인 네트워크 확장으로 기존 산업이 고도화되고 새로운 형태의 산업이 생성되기도 하지만, 잘못된 정보도 동시에 생성 확장되는 양상을 띠게 되었다. 사이버상의 가짜 뉴스 유통이 새로운 사회 문제로 대두되었다. 힐러리 클린턴이 미국의 민주당 대선 후보로 나왔다가 선거에서 떨어진 후 한 인터뷰에서 가짜 뉴스와의 전쟁을 선포하며 진짜 뉴스와의 구분이 필요하다고 말할 정도다.

이런 상황에서 저널리즘 혁신을 표방하는 뉴미디어 스타트업이 등장해 전 세계가 주목하고 있다.

광고가 전혀 없어 수입의 100%를 구독료로 충당하고, 방문자 수가 아닌 기사의 질과 깊이로 승부하고, 스타급 기자들을 대거 채용하는 곳. 바로 IT 전문 온라인 매체 '디인포메이션(The Information)'이다.

디인포메이션은 2013년 12월 미국 샌프란시스코에서 출범한 신생 미디어다. 지금은 아시아지역까지 지사를 늘렸다. 연간 399달러(41만 원)인 구독료와 함께 1만 달러(1,211만 원)짜리 구독 상품을 판매하고 있다.

1,800명이면 손익분기점에 달할 것이라 예상했던 유료 구독자 수는 1만 명 수준에 달할 것으로 추정된다. 유료 구독자 중에는 마크 주커버그 페이스북 CEO, 에반 스피겔 스냅 CEO 같은 테크 기업 거물들이 대거 포함돼 있다. 정규직 직원 5명과 계약직 직원 2명으로 출발해 이제는 직원이 23명까지 늘었다.

디인포메이션이 주목 받는 이유는 하나다. 온라인에서 진짜 뉴스를 양성하면서도 오프라인에서처럼 깊이 있는 정보를 제공해 주는 것이다.

우리나라 기업이 가까운 홍콩으로 진출하고 싶어 한다면 그곳의 기업 정보를 알기 위해 먼저 홍콩 기업들의 뉴스가 실린 미디어들을 자료를 모으게 된다. 이때 유료지만 기꺼이 그 정도의 구독료를 지불하고 고급 정보를 제공받을 수 있는 곳이 신생지 '디인포메이션'이라는 것이다.

이 혜성 같은 뉴미디어의 창업주는 월스트리트저널(WSJ) 기자 출신인 제시카 레신이다. 학창시절부터 교내 신문 기자로 활동하며 언론인을 꿈꿔 2001년 하버드대 역사학과에 입학해 '하버드 크림슨' 기자로 활동했다. 2005년 대학 졸업 후 월스트리트 저널에 입사해 8년간 구글, 애플, 페이스북 등을 취재하며 IT 전문 기자로 이름을 날렸다. 디인포메이션은 홈페이지(www.theinformation.com)에 하루 평균 2건 정도의 기사만 올린다. 소속 기자가 20여 명이라는 사실을 놓고 보면 게재하는 뉴스는 적은 편이다. 그러나 구독자 수는 여전히 늘고 있다. 기사의 대부분이 심층 탐사보도물이기 때문이다.

세계적 IT 기업의 최상층부에서 벌어지는 권력 다툼, 회사의 방향과 전략을 둘러싼 논쟁 등을 몇 달간 취재한다. 다른 매체에서 볼 수 없는 깊이 있는 보도가 많아 뉴욕타임스, 월스트리트 등 기성 언론들이 디인포메이션발 기사를 종종 인용한다.

디인포메이션에 소속된 기자 상당수는 퓰리처상을 받았거나 월스트리트, 블룸버그, 로이터, 미국 유력 경제지 포춘 등 전통 언론의 스타 기자 출신이다. 발행인 겸 편집국장 마틴 피어스는 월스트리트, 뉴욕포스트 등에서 일한 36년 차 기자. 2003년 퓰리처상 '분석 보도' 부문을 받은 베테랑이다. 레신은 과거 자신의 상사였던 피어스를 회사 출범 10개월 만인 2014년 9월 영입하면서 뉴스의 질을 높였다.

지난해 3월 합류한 샤이 오스터도 2007년 퓰리처상 '국제 보도' 부문을 받은 인물이다. 20년 넘게 여러 언론의 아시아 지사에서 일하며 중국에 관한 숱한 특종을 쏟아낸 '중국통'이다. 그는 현재 홍콩 소재 디인포메이션 아시아 지국장으로 일하며 알리바바, 샤오미, 소프트뱅크 등 아시아 대형 IT 기업 기사를 쓰고 있다.

기자라면 광고와 구독자수 등에 탈피한 채 현장에서 취재에만 열을 올리며 일하고 싶은 게 마음이다. 레신은 그 기자들의 꿈의 미디어를 제 손으로 만들었다. 더욱이 온라인에서 정보를 일방적으로 주는 것만이 아니라 쌍방향으로 소통하기 위한 이벤트도 연다. 구독자를 위한 오프라인 행사인데 마크 주커버그와 함께하는 점심 파티, CBS 방송의 유명 앵커 게일 킹이 참석하는 칵테일 파티 등을 열고 있다. 유료 구독자들은 이런 행사에 초대받아 미국 유명인사와 친분을 맺을 수 있다. 구독자들은 자연스럽게 이 모임을 마련해 준 레신의 팬이 된다. 이는 곧 유료 구독자가 더 늘어나는 효과를 가져온다. 뉴미디어 시대, 언론을 이끌고 가는 그녀가 매번 일을 성공으로 이끌기 위해 항상 강조하는 말이 있다.

"훌륭한 사람들과 같이 일하는 것이 가장 중요하다"

뛰어난 기자만이 훌륭한 기사를 쓸 수 있고, 그런 콘텐츠라야 각종 고급 정보에 길들여진 독자의 기호를 사로잡을 수 있다는 말이다. 이런 철학이 디인포메이션의 핵심 전략이었기에 스타 기자를 채용하는 데 많은 공을 들였던 것이다.

초인재 신입사원도 일을 할 때 좋은 사람들, 훌륭한 사람들이 있는 곳으로 가서 그들과 함께 일을 해야 한다. 일할 때 한 눈을 팔지 않으며 뚜렷한 목적의식과 명확한 비전으로 무장한 사람들과 함께 일한다면 그 자체로 많은 가르침을 얻는다. 이런 작업 환경에서는 굳이 일일이 정보를 찾아다니지 않아도 된다. 임계점을 넘어서는 상황이 되면 오히려 필요한 정보가 그곳으로 몰리기 때문이다. 페이스북의 창업가 마크 주커버그도 '상업적 콘텐트보다 가족과 친구에 집중한다'라는 경영 철학을 발표한 이후, 하루 만에 33억 달러(약 3조5000억원)를 날렸지만 앞으로 페이스북이 개인간의 관계를 더 초점을 맞추겠다고 밝혔다.

주커버그는 큰돈을 잃었고, 재산은 하루 사이에 33억 달러나 줄었지만 "내가 원하는 것은 분명하다. 이러한 변화를 통해 사람들이 페이스북에서 소비하는 시간은 줄어들 것으로 예상한다. 하지만 사람들이 페이스북에서 소비하는 시간은 더욱 가치 있게 될 것으로 기대한다"라며, "페이스북을 다시 개인들의 네트워크의 장으로 돌려주기로 결정했다"고 페이스북에 언급했다.

마크 주커버그나 제시카 레신. 그들의 역할은 구독자나 유저에게 필요한 정보를 제공하고, 네트워킹 할 수 있도록 최선을 다하는 것이다. 그들의 일하는 방식은 언제나 이용자 중심이었고, 여전히 이용자의 편리함과 만족감 향상에 역량을 기울이고 있다.

세계 곳곳의 초인재 신입사원도 언제나 자신의 목표를 실현하기 위해 좋은 사람들의 이야기에 귀를 기울이고, 그들과 함께 일할 수 있는 환경을 만드는 데 최선을 다하고 있다. 함께 팀을 이뤄 일하는 것은 개인이 일하는 것보다 더 큰 성과를 가져다줄 수 있다. 우리는 우리 주변을 좀 더 나은 사람들로 채우고, 그들과 함께 일하는 게 중요하다.

새로운 사업으로 뛰어들자
마크 안드레센_실리콘밸리의 투자 전문가

비즈니스 마인드로 무장해야 살아남는 실리콘밸리에서 주목하고 있는 전문가가 있다. 마크 안드레센. 한때 세계 웹브라우저를 주름잡은 넷스케이프의 창업가다. 안데르센이 운영하는 벤처캐피털 회사 안데르센-호로위츠는 그 시절 무명이나 다름없었던 깃허브, 페이스북, 에어비엔비, 핀터레스트, 트위터 같은 소셜네트워크서비스에 투자하여 큰 성공을 거뒀다. 그 후 마크 안드레센은 벤처계의 거물로 이름을 날렸다.

안데르센이 그 시절 실리콘밸리에서 소셜네트워크서비스에 거액을 투자한 것에는 나름의 이유가 있었다. 깃허브는 특별한 마케팅 캠페인 없이 170만 명이 사용 중이었으며, 2010년 당시 전년대비 매출액이 300% 늘어나는 등 빠른 성장세를 보이고 있었다. 안데르센은 주저하지 않았다. 과감한 추진력이 그의 장점이었다.

안드레센은 위스콘신주 출신으로 일리노이대학교 어바나-샴페인캠퍼스에서 컴퓨터공학을 전공한 평범한 청년이었다. 대학 내 연구소인 전미슈퍼컴퓨터응용연구소에서 일하며 멀티미디어 그래픽 사용자 인터페이스인 웹브라우저 모자이크를 개발했다. 대학 시절부터 콘텐츠를 개발하기 위해 무에서 유를 창조해 왔다. 그 뒤 모자이크 개발팀을 이끌고 넷스케이프를 창업했다. 승승장구하던 넷스케이프를 AOL에 42억 달러에 매각했고 그 회사의 최고기술책임자를 맡았다. 2년 후 회사를 떠난 그는 솔루션업체인 '라우드 크라우드'를 설립했고 훗날 '옵스웨어'로 이름을 바꾼 이 회사를 16억 달러에 매각하면서 억만장자가 되었다. 안데르센은 자신의 부를 활용해 벤처기업에 투자를 시작했다.

실리콘밸리에서 벤처투자가로서의 그의 입지는 확고했다. 오랫동안 벤처투자의 괴물 중 괴물로 이름을 날렸다. IT전문 뉴스 사이트인 벤처비스도 그를 '실리콘밸리의 왕'이라고 명명할 정도였다. 기부에도 인색하지 않아 2007년 스탠퍼드 병원에 2억 7,500만 달러를 기부하며 실리콘밸리 청년 사업가를 기부의 길로 이끌었다.

실리콘밸리의 청년들은 돈을 버는 것에도 투자를 하는 것에도 기부를 하는 것에도 언제나 인색하지 않았다. 그리고 함께 일하던 사업파트너들은 모두 친구가 됐고, 서로간의 멘토가 되었다.

비즈니스맨, 즉 문제 해결 능력을 갖추고 있는 사람들은 일반인, 즉 샐러리맨들과는 다른 생각을 하고 있다. 돈은 금고에 차곡차곡 쌓아 놓는 것이 아니라 돌고 돌아 다시 필요한 곳에 쓰이는, 말하자면 경제 순환의 피와 같다는 생각이다.

그래서 그들은 지속적으로 새로운 사업을 발굴하고 투자하며 새로운 가치를 창출하고 있다.

이런 리더들이 있기에 실리콘밸리의 청년들은 세계 변화의 어젠다를 고민하고, 미래를 위한 문제 해결에 앞장서고 있으며, 세상을 향한 공존의 메시지를 과감하게 던진다. 실리콘밸리는 이런 방식으로 세계를 좀 더 안전하고 편리한 세상으로 만드는 데 크게 기여를 하고 있다.

이런 마인드를 우리 신입사원들이 갖고 현장에서 일한다면 직장 내 분위기와 사회 분위기를 주도할 수 있다. 그리고 그 문제 해결 능력을 갖추기 위해 주어진 일 외에도 다른 부문의 일도 관심을 가져 융합하고 해결할 수 있을 것이다.

제4차 산업혁명 시대에 필요한 사람들은 이제 더 이상 전문가만이 아니다. 융합적 이해력이 더 중요하게 여겨지는 시대이기에 우리는 사람들과 더불어 살아가는 융합적 관계를 많이 이끌어야 하겠다.

일과 취미의 균형감각
일론 머스크 _전기차 테슬라모터스 창업가

최근 가장 뜨거운 경영자는 단연 테슬라모터스의 일론 머스크 회장이다.

남아프리카 공화국 출신으로 스탠퍼드 대학원에 입학하며 실리콘밸리에 둥지를 튼 일론 머스크는 제2의 스티브 잡스라고 불리며 연일 언론에 주목받고 있다.

2017년 일론 머스크가 단독으로 투자해 설립한 신경 레이스 컴퓨터 회사 '뉴럴링크(Neuralink)'는 생체회로에 전자회로를 주입해 뇌의 영역을 확장시키도록 하는 것이다. 인간에게 USB 꽂아 외장하드처럼 보조 기억장치를 만들어 주는 기술인데 정보를 업로드 하고 다운로드 하면서 생각의 영역을 더 넓혀주겠다는 구상이다.

일론 머스크가 계속해서 새로운 사업체를 만들며 운영하는 이유는 오직 하나다. 언젠가 종말이 올지도 모르는 지구에서 인류를 구하기 위해서다. 그래서 그동안 '테슬라모터스' 전기차 회사를 설립했고, 지속가능한 에너지 생산을 위해 태양광 발전 회사인 '솔라시티'를 만들었으며, 터널 교통시스템 회사인 '더 보링 컴퍼니', 민간 우주항공기업 '스페이스X'를 탄생시켰다. 각각의 다른 회사지만 인류의 미래를 위해 준비한다는 차원에서 5개 회사는 그 목적이 같다. 더 놀라운 것은 이들의 구상이 모두 대학 시절에 했던 계획으로 현재는 이를 실현하기 위해 박차를 가하고 있다는 것이다.

일론 머스크는 스탠퍼드 대학원에 입학했지만 세계적으로 닷컴 바람이 불면서 입학 이틀 만에 학교를 그만두고 친동생과 'Zip2'라는 온라인 콘텐트 회사를 세웠다. 그리고 당시 유력 검색엔진 기업이던 '알타비스타'에 약 3억 4000만 달러에 'Zip2' 기업을 팔았다. 그때 얻은 돈으로 세계 1위 전자 지불 솔루션 회사인 '페이팔'의 전신이 된 온라인 결제 서비스 회사 x.com을 창업하며 승승장구하다가 '이베이'에 15억 달러에 팔며 그 돈으로 대학 시절 구상했던 사업체를 차례대로 세운 것이다.

테슬라는 현재 전기차 시장에서 아무도 따라오지 못할 기술력을 내세우며 스포츠카 모델인 로드스터, 세단 모델인 모델 S, SUV 모델인 모델 X, 준중형 모델인 모델 3까지 탄생시켰다. 다른 전기차보다 속도도 빠르고 배터리 용량도 커 전기차 산업을 이끌고 있다.

스페이스X는 국제우주정거장(ISS)에 화물과 우주인을 실어나르는 16억 달러 규모의 계약을 따내며 민간 우주 시대를 개척했다. 미 항공우주국(NASA)의 우주왕복선 대신 세계 최초 민간 상업 로켓인 팰컨 9호를 통해 세계 최초 민간 우주선인 드래건을 ISS와 도킹시키는 데 성공하면서 20년 안에 지구인 8만 명을 이주시키는 '화성 오아시스' 프로젝트도 진행 중이다.

요즘은 터널을 만드는 회사인 '더 보링 컴퍼니' 설립을 통해 로스엔젤레스와 워싱턴까지 30분 안에 주파할 수 있도록 할 예정이다. LA 지역과 볼티모어-워싱턴 지역을 시속 200km로 이동할 수 있는 지하 터널을 굴착하고 있는데 현재 1단계 구간이 완성 된 상태다. 이는 교통 체증 해결 방안으로 2차원 교통 시스템을 3차원으로 확장하는 것이다. 땅속에 터널을 만들어 차량을 분산시키는 것을 목표로 삼았다.

일론 머스크가 하는 사업은 모두 인류에게 필요한 것으로 계획되었다. 이런 계획을 만들기 위해서는 성공 가능성이 적더라도 도전해야 하며, 언제나 생각의 폭을 넓게 가져야 한다. 일론 머스크는 언제나 이런저런 프로젝트에 3%의 시간을 투자하고 있고 나머지 시간은 개인적인 취미로 삼고 있다고 이야기하고 있다. 그가 생각한 빅픽처를 구현해 내기 위해서는 일과 취미의 균형을 이뤄야 하기 때문이다.

이런 사고는 어린 시절부터 창의력을 바탕으로 생성되는 것이다. 일론 머스크가 이런 담대한 생각을 가진 것은 어린 시절에 무수히 읽었던 책들 덕분이라고 한다. 우리는 매 순간을 기회라 여기고 세상을 눈을 크게 뜨고 바라봐야 한다.

글로벌 회사의 새로운 엔진

이스라엘, 대만, 싱가포르, 미국 등 이민자 수가 많은 국가는 대체로 호황을 누리고 있다. 왜 그럴까. 이민자들은 민족성이나 비슷한 가치 체계를 가지고 있지 않지만 서로 어울리면서 새로운 관계를 이어가고 신선한 사고방식을 공유한다. 그러면서 경제적 교류가 창출된다.

실리콘밸리가 중요한 이유는 혁신적인 기업, 제품, 그리고 서비스가 지속적으로 생성되는 살아 있는 환경이기 때문이다. 실리콘밸리에는 이민자들의 숫자가 그 어느 곳보다 많다. 70명이 채 안 되는 직원들의 출신이 50개국이 넘는 것을 보면 더 실감난다.

이렇게 다양한 사람들이 모이다 보면 아이디어와 인재, 자본이라는 양분이 서로 순환하고 결합하고 또 변화하면서 창의적인 해법을 탄생시키는 열대우림으로 성장하게 된다. 이러한 양분들의 예상치 못한 조합이 실리콘밸리를 더욱 번창하게 만드는 것이다.

빅터 황과 그렉 호로윗의 책 『정글의 법칙 – 혁신의 열대우림 실리콘밸리 7가지 성공 비밀』에는 "실리콘밸리 같은 열대우림은 실리콘밸리만의 독특한 사회적 행위들의 집합을 통해 이러한 거래비용을 절감할 수 있다"고 언급한다. 이 사회적 행위들은 재능, 아이디어, 자본의 극대화를 요구하는 사회적 메커니즘과 맥락을 함께한다.

열대우림 이론은 "이기적인 공기를 가진 이성적 존재가 많을 때 경제적 효과가 극대화된다는 것"으로 설명된다. 열대우림 모델은 실리콘밸리처럼 혁신의 세계에 깔려 있는 보이지 않는 메커니즘을 설명하고 있는데 우리에게 필요한 것은 창조적 파괴요, 더 중요한 것은 인간의 능력을 결합하여 끊임없이 발전하는 효율성과 생산성을 창조적으로 재조합하는 것이다.

똑똑하고 능력 있고, 부유한 사람들은 도처에 존재하지만 그런 인재들이 서로 모여 서로 다름을 이해하고, 함께 문제를 해결하는데 실리콘밸리만큼 좋은 곳은 없다.

자율주행 자동차 시대에서는 우리가 어디로 갈지 고민하는 것보다 자동차 안에서 무엇을 할지 고민하는 게 중요하다. 사이버 세상과 실제 생활이 똑같이 변모하는 시대에서는 융합으로 거시적으로 화합하는 게 중요하다. 이런 마인드가 바로 글로벌 회사가 클 수 있는 토양이 된다.

지금도 실리콘밸리에는 서부 개척 시대의 모습을 이어받은 공동체주의가 널리 퍼져있다. 서부는 단순히 개인에 의해 개척된 것이 아니라 개인들이 상호 이익을 위해 효율적으로 협력하는 문화에 의해 개척되었다.

실리콘밸리에 발을 들여놓은 신입사원이 가장 놀라는 사실은 그들이 원하기만 하면 누구와도 대화를 할 수 있다는 것이다. 다른 분야에서는 가장 영향력 있는 사람들과 대면한다는 것은 거의 불가능할 정도로 어려운 일인데 오히려 이곳은 자신과 같은 관심사를 가진 사람들과 대화하는 것을 즐긴다.

존 도어도 2000년 출간한 책 『먼저 대접하라』에서 실리콘밸리에는 협동 정신이 있다고 강조했다. "새로운 사업을 놓고 열정적인 사업가를 돕기 위해 따로 시간을 빼놓지 않고 성공한 기업을 본 적이 없다"고 말하고 있다.

인간의 두뇌는 가까운 사람은 믿고, 비교적 먼 관계의 사람은 신뢰하지 않도록 설계되어 있지만 아이러니하게도 가장 큰 경제적 가치를 생산하는 메커니즘은 가장 이질적인 사람들 사이의 관계에서 만들어진다. 그래서 우리가 사업파트너를 일로 만나 가장 친한 친구로 만들 수 있는 게 아닐까.

실리콘밸리의 업무 수행 방식은 나이나 직급과 상관없이 자신에게 주어진 프로젝트를 수행해 내면 된다. 이런 시스템이 글로벌 기업의 하나의 업무 방식이 되었다. 디자이너가 시장이 원하는 방향으로 제품을 디자인했을 때 직장 상사나 오너가 마음에 안 든다고 모양을 바꾸라고 한다면 "그것은 제 생각이 아니고 저의 디자인이 아닙니다."라고 말하며 바꾸지 않는다. 이런 신념은 모든 단계에 걸쳐 녹아들어 있다. 이런 책임감으로 제품이 만들어진다. 디자이너는 현재 회사에서의 역할도 중요하지만 제품이 출시돼 성공한다면 자신의 이력으로 쌓이는 일이라 양보하지 않는다. 이런 전문가의 판단이 존중되는 곳이 실리콘밸리인 것이고, 실리콘밸리의 기업들은 철저하게 개인의 책임 아래 일을 맡긴다. 그리고 각 전문가들이 판단한 것의 총합에 대해 오너가 최종 결정을 내리는 것이다.

오너들도 자신의 판단이 회사의 큰 리스크를 가져올 수 있는 만큼 판단에 신중을 가하고 매 단계마다 통합적 사고를 할 수 있는 판단력을 가지고 있어야 한다. 일론 머스크나 스티브 잡스가 신제품을 소개할 때 직접 하는 것도 마찬가지 이유에서다.

돌파형 탤런트를 장착하자

 지구 반대편에서 살고 있는 또래 친구들은 어떻게 살고 있는지, 또 어떻게 직업을 선택하는 궁금할 때가 많다. 그럴 때마다 외국계 기업에 입사한 친구들에게 회사 분위기를 물어보고, 실리콘밸리에서 일하고 있는 사람들에게 그곳의 상황은 어떤지 질문하게 된다. 그리고 가까이는 관련된 책도 읽으면서 멀리서나마 그곳 기업들의 소식을 간접적으로 접하곤 한다.

 경영을 배우기 위해 MBA 과정을 밟는 사람들의 이야기를 들어보니 석박사 과정 동안 세계 유수의 기업 10곳을 뽑아 재무제표와 기업 철학, 경영방법 등을 분석하며 공부한다고 한다. 다른 기업의 상황을 읽을 수 있는 능력, 거기서 문제를 발견하고 문제를 해결하는 능력을 기르는 게 경영학이니 그도 그럴듯하다. 학교에서 학문만 하는 게 아니라 가까이 그 주변 기업을 탐방하기도 하고 구성원의 이야기도 듣고 인맥을 쌓는다. 소수가 모여 비싼 등록금을 지불하고, 서로 인맥을 공유하며 고급정보를 공유하기에 그만한 교양 있는 구성단체가 어디 있을까.

대학원 시절 방문한 MIT 사이언스 저널리즘 대학원 과정에서는 뉴욕타임스 기자를 만날 수 있었는데 세계 각국의 기자들이 대학원에 입학해 세계 이슈를 다룬 기사를 놓고 토론을 하면서 수업한다고 한다.

현장의 내용이 담겨 있는 각국의 창업가 정신과 기업가 정신이 담긴 책 『구글의 아침은 자유가 시작된다』(라즐로 복, 알에이치 코리아, 2015)가 기억에 남는다. 기업가 라즐로 복은 이 책에서 구글의 독특한 사내문화인 금요일 자유토론 시간을 예로 들어, 수평적 소통의 중요성을 강조한다.

이런 문화는 스타벅스 커피 코리아에서도 볼 수 있다. 매주 월요일과 수요일 오전에 경영, 경제, 인문, 시사, 역사, IT분야 명사들의 강연을 듣는다. 매주 금요일 오전에는 팀별 커피 테이스팅 시간을 갖고, 자유롭게 토론을 한다. 임직원 간에 아주 안정적이고 여유로운 일처리 방식처럼 느껴졌다. 일반적인 기업의 경우 아침 회의 후 매장 관리나 고객 민원 처리를 비롯한 수많은 현장 업무 때문에 뿔뿔이 흩어지기 바빴을 텐데 이 시간만큼은 엄

수를 한다. 또한 모바일 앱을 통해 업무 효율화를 향상하기 위해 노력하고 있다. 직원들이 자기계발을 통해 잠재된 무한한 에너지를 끌어내는 시간을 제공하고 있다. 직원 개인의 발전은 결국 기업의 미래를 보장하는 것이다.

삼성물산의 경우는 급변하는 환경에 대응하고자 비정기적으로 외부에서 강연 연수를 하고, EBS도 콘텐츠 개발을 위해 한 달에 한 번씩 전 사원이 함께 들을 수 있도록 외부 강연회를 하며, 업무에 적용될 수 있도록 한다. 동호회도 활발히 운영하며 직원들과 스포츠를 통해 서로 소통하고, 업무 개발에도 힘쓸 수 있도록 하고 있다. 현대자동차의 경우는 직원들끼리 팀을 이뤄 창업을 할 수 있도록 프로젝트 심사를 진행한다. 기획안이 좋을 경우, 업무에서 빠져 창업을 할 수 있도록 1년간 지원해주며 직원 창업을 독려해주고 있다.

직원들 개개인이 가진 다양한 분야의 탤런트는 결국 기업들에게 큰 힘이 된다. 그러고 보면 다양한 분야의 탤런트를 확장하기 위한 방법은 오직 경험이며, 우리가 모든 것에 경험을 할 수 없기 때문에 다른 사람들과 융합하고, 경험을 교류하며 간접경험을 늘려주는 게 큰 도움이 될 수 있다. 직원들의 직·간접경험이 많아질수록 회사 업무에서 생길 수 있는 문제들을 예측해 대비를 할 수 있다.

학문과 산업이 다양한 시대에서 깊숙이 들어가면 통합되지 않는 게 없기 때문에 다양한 경험과 간접경험이 큰 능력을 발휘할 수 있도록 해준다. 그래서 새로운 것을 시도할 때 잘 모르는 분야라면 그 분야의 전문가들을 영입해 일할 수 있도록 하면 기업의 리스크를 줄일 수도 있다.

사람이든지 기업이든지 역경이 존재하는 이유가 있다. 역경은 우리를 몰아내기 위해 존재하는 것이 아니다. 역경은 우리가 무언가를 얼마나 간절히 원하는지 깨달을 수 있는 기회이기도 하다.

초인재 신입사원들의 다섯 가지 특징

서진규 박사는 지난 2007년 25만 부가 팔렸던 자전 에세이 『나는 희망의 증거가 되고 싶다』의 주인공이다.

미군 예비역 소령인 그는 본래 경남 동래 출신으로 엿장수의 딸이었다. 부모를 따라 충북 제천에서 살다가 홀로 서울에 올라와 가발공장 여공생활을 했다. 당시 19살 때 미국에 식모살이를 하러 건너가 식당 웨이트리스 생활까지 거쳤다. 우여곡절 끝에 미군에 입대한 그는 20년의 성공적인 군 생활을 마치고 소령으로 전역해 하버드 대학교 박사과정을 졸업했다. 일본과 영어에 능통하고 국제외교사를 현장과 이론으로 정석으로 공부해 이 시대의 능력 있는 글로벌 리더가 되었다.

당시 KBS 일요스페셜에는 서진규 박사를 집중 조명했는데 '가발공장에서 하버드까지'를 주제로 한 서진규 박사의 삶은 시청자의 공감을 일으키며 깊은 감명을 줬다. 늦은 나이에도 학문의 끈을 놓지 않고 하버드 대학교에서 젊은 친구들과 공부한 에너지가 너무나 궁금해 실제로 어떤 분인지 만나고 싶었다. 서울의 한 곳에 강연을 하러 온 서진규 박사를 찾아갔다. 손을 번쩍 들고 질문을 했다.

"안녕하세요. 서진규 박사님의 감명 깊은 이야기 잘 들었습니다. 저는 기자를 준비 중인 김도현입니다. 현재 대학생입니다. 미래에 미 국무장관이 되실 서진규 박사님과 미래에 기자가 될 제가 함께 만나 식사를 하고 싶은데요. 가능하시겠습니까?"

강의장이 술렁였다. 모두들 서진규 박사와 함께 만나고 싶은데 내가 대표로 말한 기분이었다.

"네 알겠습니다. 저희 매니저에게 연락처를 받아가세요"

"감사합니다. 약속을 꼭 지켜주세요"

서진규 박사는 언제나 이야기했다. '세상에서 가장 나쁜 것은 기회와 희망 없이 사는 것'이라고. 그래서 그렇게 만남을 요청했다.

서진규 박사와의 만남은 약속이 있고 난 뒤 2년 후에나 이뤄졌다. 두 번 정도 식사 약속을 위해 연락했지만 답변이 오지 않아 '만나는 게 쉬운 일은 아니구나' 하는 생각으로 다음으로 미뤄둔 채 2년의 세월이 흘렀다. '언젠가는 만날 날이 오겠지'라는 마음만 가지고 열심히 살아가던 어느 날 오후, 서진규 박사 측에서 약속에 오해가 있었다면서 약속을 잡자는 연락이 왔다. 매니저께서 뒤늦게 약속에 문제가 생겼다고 박사님께 이야기하니 이 한마디를 해주셨다고 했다.

"이제라도 약속을 지켜야지."

그렇게 만나게 된 서진규 박사. 그와의 식사는 늘 깨달음의 자리였다. 식사를 한 후 책에 대한 이야기도 많이 나눴다. 여의도 순댓국밥집에서는 인생의 고비를 넘긴다는 것에 대한 이야기도 나눴다.

한국과 미국을 오가는 서진규 박사는 외국 싱크탱크 연구원과 함께 의견을 나누며 한·미 간의 협력을 위한 역할을 여전히 고민하고 있다. 그런 모습을 옆에서 지켜보다 보면, 사회의 구성원으로서 책임감이 들게 되는 것이다. 그동안 사회로부터 받은 혜택이 많으니 지금의 위치에서 내가 공헌 활동을 할 수 있는 일이 무엇인지 찾는 것이다. 그리고 그 일들을 시스템화 하기 위해 사회적 기업을 세우고, 문제를 해결할 수 있도록 여러 사람들이 함께 모여 고민하는 것이다.

멘토로 삼을 수 있는 존경하는 사람을 직접 만나는 건 젊음의 훌륭한 경험이다. 요즘은 그런 멘토를 만날 기회가 열려 있다. 강연프로그램도 많고, SNS와 유튜브에서 그들의 이야기를 가까이에서 들을 수 있으니 말이다. 마음만 먹으면 찾아 나서기에 그리 어렵지 않다. 실리콘밸리에서 성공한 청년들도 자신의 은사와 동료와 서로 교류를 하면서 세상의 문제를 함께 고민했다고 한다.

우리는 계속해서 주변에 좋은 사람들로 채워야 한다. 좋은 사람들이 함께 있다면, 인생의 중요한 시기가 왔을 때 나쁜 길로 빠지지 않게 된다. 정말 존경하는 한 사람을 옆에 두고 계속해서 관계를 맺을 때 멀리 있는 여러 명보다 더 큰 영감을 받을 수 있다. 배울 만한 사람을 가지지 못한 사람보다 가진 사람의 모습은 더욱 향기롭다.

좋은 환경에 가면 좋은 사람들을 만날 확률이 높다. 일부러라도 좋은 학교와 좋은 직장, 좋은 사람들이 있는 곳으로 찾아가야 한다.

그렇다면 좋은 학교는 어디인가? 좋은 선생님이 계신 곳이고, 사회적으로 선한 영향력 있고 훌륭한 졸업생들을 많이 배출 한 곳이다. 좋은 기업은 어디인가? 좋은 선배들이 있는 곳이고 좋은 동료들이 있는 곳이다. 그렇게 좋은 사람들과 함께 모여 있는 국내 초인재 신입사원들을 가만히 분석해 보니 그들에게는 다섯 가지 특징이 있었다.

- 자신이 필요한 사람을 만나러 다닌다. 관심 있는 주제로 그룹을 만들어 그들과 깊이 있는 정보를 나눈다.
- 트렌드에 민감하고, 새로 나온 것들을 적용한다.
- 카페에서 사람들과 소통을 하고, 술이 아닌 커피만으로도 3차까지 간다. 공간을 산다.
- 명품이 아니라, 자신만의 스타일로 옷을 입을 줄 안다.
- 영어 등 제2외국어를 습득하고, 고급 정보를 찾으며 이해한다.

그들을 그렇게 자신의 일을 하면서 취미생활과 네트워크를 친구들과 함께 만들어나가는 일에 소홀하지 않았다. 우리가 하는 일이 사람을 위해 하는 일이기에 사람과 함께 하는 시간이 매우 소중한 것이다.

그렇다면 좌절하고, 어려운 일에 봉착한 신입사원을 나무라지 않고 선배들이 도와줄 수 있는 방법은 무엇일까?

그것은 너의 목표에서 눈을 떼지 말라고 언제나 기회가 날 때마다 일러주는 것이다.

그래서 우리는 후배들에게 자주 이야기 해줘야 한다. "너는 더 잘할 수 있어!"

3장

신입사원 1년차,

초인재로 가는 색다른 방식

네트워크를 품은 그룹의 힘

대학 시절에 가장 기억에 남는 행동을 꼽는다면 블로그를 7년 동안 운영했던 것이다. 블로그를 하면서 각종 정보도 많이 접할 수 있었는데 그중 대학생들이 방학을 이용해 할 수 있는 대외활동이 많다는 사실을 알게 되었다. 각 정부부처 대학생 기자단에 참여한다든지 토론대회에 참여한다든지 하는 기회가 그것이었다. 몇 가지를 살펴 본 후 하고 싶은 활동에 지원을 하고 면접을 봤다. 다섯 곳에서 합격소식을 알려왔다.

전국경제인연합회에서 하는 엘리트 리더십 코스(ELS), 환경단체인 '환경정의'에서 하는 6박 7일 환경보호 전국일주 행사, 한국항공우주연구원에서 하는 우주인 온라인 홍보대사, 여성가족부에서 하는 위민넷 기자, YMCA 미디어 교육이 그것이었다.

서울과 대전, 울산, 부산 등을 다니면서 사회 문제와 관심사를 배울 수 있었다. 대학생을 소수 선발해 교육하는 만큼 대학교수, 연구원, 전문가들이 번갈아 교단에 서며 관련 분야의 교육이 체계적으로 진행했다. 무엇보다 놀라웠던 건 그곳에서 함께 활동했던 대학생들의 다양성과 개성이었다.

환경에 관심이 있는 친구들이 시화공단에 들어섰을 때 가까이서 내뿜는 공장의 매연을 보며 공기청정시설을 이야기하고, 환경 정책을 이야기 나눴다. 미처 관심 갖지 못했던 분야였는데 친구들의 관심을 따라가다 보니 자연스럽게 배우는 것이 있었다.

이런 활동들은 6개월에서 1년간 진행됐고, 지금도 그곳에서 만난 친구들과 연락을 하거나 SNS를 통해서 소식을 듣고 있는데 역시나 그 기질을 잘 살려 사회 곳곳에서 리더로서 자신의 역할을 감당하고 있었다.

이렇게 맺어진 인연들은 대학생 때 공부하려고 만났던 인연이기에 사회에서 만나면 더 반갑기 마련이다. 그래서 각계분야에서 그들의 활동이 더 확장될 수 있도록 내가 도와줄 것은 없는지 살펴보거나 응원하게 되었다. 업무를 하다가 어려움이 닥치거나 해결해야 할 문제들이 있으면 이들에게 연락해 도움을 청했다. 그렇게 대학 3학년까지 대외활동을 하다 보니 좀 더 큰 무대에서 세상을 배우고 싶었다. 그래서 외국으로 가서 공부도 하고 일하면서 사람들의 삶의 모습을 배우고 싶다는 생각에 호주로 건너가게 되었다.

호주에서도 다양한 사람을 만날 수 있었다. 10개월간 다양한 곳들을 다니면서 일하고 공부를 했고 외국인들과 대화하는 시간을 많이 만들었다. 그들의 생활방식은 남달리 자유로웠고, 프로페셔널 했으며, 독립적이었다. 그들의 생활 속에서 사고방식과 삶의 철학 등에 대해 생각을 나누고 싶었다. 외국인들과 시간을 많이 보내다 보니 '사람 사는 곳은 다 똑같구나.'라는 생각이 들었다. 여러 경험과 추억을 안고 10개월을 보낸 나는 집으로 가기 마지막 한 달 동안 세상의 중심, '에어즈락'을 보고 가야겠다는 생각에 애들레이드로 떠나게 되었다. 그렇게 계속 도시들을 이동하면서 새로운 사람들을 만나게 되었다. 서로 영향을 주고받고, 헤어짐을 반복하는 시간이 계속되었다.

이렇게 어디에 가서든 정보를 얻고 그룹을 지어 사람들과 깊이 있는 대화를 나누다 보니 도움이 필요할 때 기꺼이 도움을 줄 사람들이 세계 곳곳에 있게 되었다. 그리고 그들은 현재 내가 하는 업무에 큰 도움을 주고 있다. 그 시절은 비록 우리가 학생이었지만 10년 후 우리는 사회를 이끌어가는 사람으로 우뚝 성장했기에 가능한 일이었다.

우리는 여러 인연들을 계속해서 맞이해야 한다. 다양한 사람들을 많이 만나기 위해서 대학 시절과 신입사원 시절을 마음껏 활용하라고 이야기하고 싶다. 학교 밖 친구들은 나이와 국경의 구별 없이 만날 수 있는 친구들이다. 훗날 자신이 하고 하는 일에 큰 힘이 될 것이다. 진정으로 내 사람이 되어서 말이다.

SNS가 활발해지면서 교류가 강화되고 그들과의 만남은 일회성이 아니라 평생 유지할 수 있게 되었다. 연락처만 있다면 다양한 방법으로 네트워크 할 수 있는 것이다. 우리는 그렇게 한번 맺은 인연을 소중하게 여기고 평생 나의 동반자로 만들어야 한다.

신입사원이 되기 전이라면 각종 대외활동과 경험을 통해 그룹에서 정보를 교환하고, 관계를 지속하면서 끈끈한 인연을 쌓아가길 바란다. 신입사원이 돼서라도 회사에서 하는 동호회 활동이나 관련 직종의 사람들과 그룹을 이뤄 다양한 의견을 나누고 모임을 갖기 바란다.

미래 설계의 시작 트렌드 서핑

스무 살에 동경으로 처음 배낭여행을 하게 돼 디즈니랜드에 놀러 갔다. 그곳에서는 곰돌이 푸 플라스틱 인형 안에 콜라를 담아 팔고 있었는데 10년 후 한국 놀이동산과 영화관에서 인형 안에 콜라를 담아 파는 걸 보게 되었다. 스위트 팝콘도 그 시절 일본에서는 모형 통에 담아 팔고 있어 천 엔에 사 먹었는데 10년이 지나니 한국에서 같은 방식으로 먹을 수 있게 되었다.

일본과 한국의 문화는 5~10년 차이가 난다. 사업하는 사람들은 그래서 일본으로 간다. 일본에서 유행하는 것들이 꼭 10년 이내에 우리나라에 유행하기 때문에 일본에서 선점할 아이템을 고르기 위해서다. 헤어스타일, 패션, 소품, 도서, 금융, 사회 문제까지 일본보다 5~10년 뒤처졌다.

일본에서 유행한 책들이 한국에서 번역서로 많이 소개되고 있는 것도 그 때문이다. 출판계는 트렌드를 이끌고 앞서가야 하기에 일본의 베스트셀러들을 선점해 한국에서 번역서로 내는 것이다. 미니멀 라이프도 일본에서 먼저 형성된 것이고, 땅콩집, 비즈니스호텔 등으로 이어졌다.

방송국의 녹을 먹으면서 사람들에게 트렌드를 제시해야 했던 나도 일본 제품이나 문화를 눈여겨보았다. 일본 국영방송 NHK가 어떤 구성으로 프로그램을 만드는지 많이 참고했다. 그리고 방송을 준비하기 위해 매주 서점에 달려가 신간들을 챙겨보면서 트렌드를 읽어 내려고 노력했다.

요즘 주부들 사이에서 뱀부 수건, 뱀부 이불 등 대나무 제품들이 인기가 있고, 정수기는 직수 정수기가 유행이다. 가전제품엔 인공지능이 필수 옵션이 되었다. 기업에서도 트렌드에 맞는 제품을 만들고 소비자도 그런 경향성을 따라가고 있다.

트렌드는 생활의 한 부분으로 돈의 흐름까지 아우르고 있다. 기업이 살아남기 위해서는 계속해서 신제품을 출시해야 하는데 기업은 그만큼 빠른 속도로 기술력을 향상할 수 없기에 트렌드를 추종하는 방식으로 제품의 변화를 꾀한다.

트렌드를 예측할 수 있다면 얼마나 성과가 좋을까. 트렌드를 좀 더 손쉽고 정확하게 확인할 수 있는 방법이 있을까?

트렌드를 읽기 위해 각 분야 전문가가 모인 그룹 채팅에 가입해 그들의 의견을 들으면서 공통된 키워드를 찾아보는 것도 좋은 방법이다.

전문가 중에는 출판인도 있는데 그들의 생각은 아주 독특하다. 키워드만 가지고 전문성을 입혀 책으로 출판하는 전문가들이다. 출판인은 쏟아지는 정보 중 유행하는 것을 선별하고 유행할 것을 예측하는 눈을 가진 일종의 큐레이터이다.

내 첫 프로그램은 〈라디오 책방〉이라는 프로그램으로 매주 저자들이 출연해 자신의 책을 소개하고 인생 이야기를 들려줬다. 방송을 하면서 저자가 속한 분야의 깊이를 따라가다 보니 낯설었던 분야도 어느 정도 접근이 가능했다. 그 분야의 전문성과 트렌드도 알 수 있었다.

내가 트렌드를 읽는데 흥미로웠던 책은 『나는 크루즈 승무원입니다』(홍자연, 미래의창, 2017년), 『호텔 VIP에게는 특별함이 있다』(오현석, 미래의창, 2017년), 『고속도로 휴게소』(배종엽, 우현미디어, 2017년) 등이었다.

『나는 크루즈 승무원입니다』는 항공승무원이 되고 싶었던 저자가 크루즈 승무원으로 합격한 후 6개월 동안 일하고 6개월 동안 휴가를 보내며 전 세계를 여행하는 내용이었다. 크루즈 승무원이라는 새로운 직업을 다루게 돼 흥미로웠다. 크루즈 여행이 한국에서도 유망한 여행상품이 될 것이라는 것을 알고 있었지만 크루즈 승무원에게 직접 크루즈 여행에 대한 이야기를 들으니 크루즈 여행은 꼭 해봐야 할 여행으로 여겨졌다.

『호텔 VIP에게는 특별함이 있다』은 20년 넘게 호텔리어로서 살아온 저자가 VIP들에게 항상 서비스하면서 그들이 보인 공통점을 적은 책이었다. 정말 전 세계 VIP들이 어떻게 행동하는지 알 수 있는 책이었다. 그들은 큰소리를 내지 않고, 지갑은 항상 깨끗하고 얇게 가지고 다니며 돈은 새 돈으로 갖고 다녔다. 또 명함은 명함지갑에 따로 갖고 다니는데 명함지갑은 비서가 갖고 다녀 비서를 부를 때도 호칭을 '영철 씨'하고 비서의 이름을 부르며 조용하게 명함을 받는다는 이야기였다.

『고속도로 휴게소』는 도로교통공단에서 30년 근무하면서 전국의 휴게소 개관과 상점 입점 업무를 했던 저자가 전국의 휴게소가 어떻게 만들어졌고 어떤 역사를 가지고 있는지 엮은 책이었다. 한국 휴게소의 운영정책을 외국에 수출했던 일화를 비롯해, 어느 곳의 휴게소 음식들이 맛있는지 그 이유와 휴게소 내 위치한 주유소의 휘발유가 갑자기 저렴해진 이유 등 휴게소의 이모저모를 알차게 담은 책이었다. 책이 나온 몇 달 후에는 TV 프로그램 〈전지적 참견 시점〉에서 코미디언 이영자 씨가 전국의 휴게소 맛집을 언급해 인기를 끌기도 했다. 휴게소의 자랑거리를 담은 이 책이 휴게소 트렌드를 만드는 데 크게 일조했다는 생각이 들었다.

그렇다면 과연 이런 책을 기획한 사람들은 누구일까. 이런 작품을 발굴하고 스토리를 엮는 감각은 어떻게 만들어지는 것일까. 너무나 궁금하다. 그리고 우리는 그 감각을 배워야 한다.

트렌드를 만들어가는 선봉에는 출판인이 있었다. 세상을 보는 안목으로 책이라는 콘텐츠를 세상에 내어놓는다.

라온북 출판사의 조영석 소장도 능력 있는 출판인 중 한 사람이다. 조 소장은 이랜드 출신으로 서른다섯에 출판사를 시작해 10여 년간 출판사를 이끌고 있는 베테랑 출판인이다. '사람은 모두 콘텐츠다'라는 철학으로 직업과 산업 관련 도서를 출판하고 있다. 조 소장은 사람으로부터 콘텐츠를 잡아내는 감각이 매우 뛰어나다. 많은 사람들이 한 분야에 30년간 일했어도 어떤 책을 내야 할지 모르는 경우가 많은데 그들에게 가장 적합한 출판 기획을 제안하여 그 분야 최고의 콘텐츠를 만들어낸다. 그가 가진 트렌드를 읽어내고 시장성을 분석하는 능력이 라온북의 큰 자산이다.

사실 트렌드는 느닷없이 새롭게 등장하는 것이 아니다. 원래의 흐름이 시대가 원하는 방향으로 움직인 것이다. 여러 속성 중 어떤 부분이 주목받느냐에 따라 달려있다. 이미 일어난 일들의 흐름을 살펴 의미를 파악하고 앞으로 일어나야 할 일들에 색을 입혀 사회를 이끌어 나가는 일종의 캠페인인 셈이다.

그런 트렌드를 읽는 사람들이 책을 기획하고, 방송을 하고, 잡지를 만드는 것이다. 트렌드를 읽는데 돈도 들지 않는다. 방송은 '본방사수'로 그때그때 챙겨보면 되고, 책은 서점에서 훑어보거나 도서관에서 빌려보면 되며, 잡지는 미용실이나 은행에 갔을 때 챙겨 보면 되는 게 아닌가. 그렇게 할 것도 없이 인터넷 뉴스로 새로운 정보들만 파악해도 트렌드 읽기는 가능하다.

초인재는 무언가를 선택할 때 자신만의 철학으로 단번에 한다고 했는데 그들은 트렌드를 만들 때도 정보의 홍수 속에서도 한 가지를 콕 짚어 콘텐츠를 만들어내는 것에 숙련돼 있다. 아마도 그런 능력을 갖추기까지 얼마나 많은 정보를 익혔을지 상상이 가지 않는다.

초인재는 자신의 일에 중점을 두면서 다양한 분야에 관심을 두고 현장에서 정보를 읽고 있다. 새로운 정보를 얻기 위해 일부러 노력하지 않는다. 평소에 보는 잡지, 방송, 책을 그냥 밥 먹듯이 보고 있을 뿐이다. 그게 생활이기 때문이다.

공간이 구축하는 네트워크

10년 동안 방송을 하다 보니 제작에 참여한 기사와 방송 중 특별히 애착이 가는 게 있다.

애착이 가는 기사는 법조를 출입하면서 판사들과 각 기관과 협조해 1년 동안 청소년 유해물질 차단 캠페인을 벌이면서 청소년 범죄를 줄이게 한 기사다. 국가기술표준원에 본드에 환각성분을 가진 '톨루엔'을 없애도록 해 본드에 유해성 물질이 더 이상 발생하지 않도록 했다.

제4차 산업혁명 시대에 발맞춰 과학기관들을 돌며 전문가를 인터뷰하는 방송인 '사이언스 라디오(www.ifm.kr/science-radio)'를 론칭했다. 전설의 라디오 DJ 성시완 씨와 함께 방송을 만들었던 것으로 사이언스타임즈의 김은영 기자와 희귀음반 마니아 김동식 씨가 함께 참여했다. 그는 우주의 소리를 들려준다면서 세계의 놀라운 사운드와 음악을 2시간 동안 녹여냈다. 미국 나사(NASA)에서 현재 진행하고 있는 연구 내용을 매주 브리핑했고, 전 세계 과학기술 이야기를 전달했다. 나사 이야기는 '랭글리 연구소' 수석연구원인 최상혁 박사와 직접 전화 연결해 새로운 연구 소식을 들었다. 최상혁 박사의 방송 참여는 인하대 기계공학과 김주형 교수의 소개로 이루어졌다. 김주형 교수의 추진력도 대단했는데 김 교수는 인하대가 아시아 최초로 나사(NASA)와 공동연구를 하도록 인천 송도에 미항공우주국나사연구소를 설립하도록 했다.

만약 함께 일하고 싶은 사람이 있는데 인연이 닿지 않는다면, 컨소시엄을 이뤄 공동으로 일할 수 있는 시스템을 마련하는 방법이 있다. 함께 일하고 싶은 기업이 있는데 나를 뽑지 않는다면 내가 그들을 뽑아 나와 함께 일할 수 있도록 만드는 것이다. 그들이 뽑지 못한 이유는 우리가 부족해서가 아니라 우리를 몰라봐서 일 수 있다. 항상 우리가 전문가를 찾아가야만 하는 것은 아니다. 이제는 그들을 홈그라운드로 불러들이자. 공간을 마련하면 가능한 일이다. 살 수도 있고 빌릴 수도 있다. 공간이 마련되면 전문가를 모아 함께 연구하고 네트워킹할 수 있다.

공간을 사는 일은 어렵지 않다. 내가 그 공간을 만들지 못한 다면 지자체나 학교를 통해서도 충분히 만들 수 있다. 우리가 할 일은 어떤 사람과 일하고 싶은지 선정하는 일뿐이다.

이와 같은 공간 네트워크 시스템을 만드는 데 놀라운 재능을 가진 사람이 있다. 박민우 크라우드웍스 대표다.

빅뱅엔젤스 투자가이며 창업자문가다. IT 분야 벤처 창업 1세대로 당시 검색엔진 프로그램을 개발하며 승승장구하다가 네 번의 사업 실패로 고배를 마셨지만 재기에 성공해 현재는 투자가로 변신한 초인재다. 20여 년간 사업을 하면서 경험했던 성공과 실패의 노하우를 청년 창업가에게 창업 조언을 해주거나 창업 투자를 한다. 좋은 아이템과 투자자를 연결해 주는 중개 역할도 하는데 투자자들은 다름 아닌 박민우 대표의 친구들이다. 현재 대기업에서 임직원으로 있는 친구들에게 2~3억 원씩 투자받아 청년 기업들에게 투자할 수 있도록 발판을 마련한 것이다. 친구들에게는 투자자로서의 역할을 맡기고 청년 창업가들에게는 사업을 더 확장할 수 있도록 시스템을 만든 것이다.

이런 역할을 제대로 하기 위해 박민우 대표는 공간을 만들었다. 서울에 빌딩을 여러 개 갖고 있는 건물주와 합심해 건물 한 개를 벤처 창업에서 성장까지 만들어 주는 '액셀러레이터'로 만든 것이다.

건물주가 갖고 있는 교통시설이 좋은 한 건물을 청년 창업 빌딩으로 만들어 책상 하나당 30만 원 정도에 임대해 주는 시스템이다. 건물주가 건물을 제공하는 이유는 단순히 임대료 수익료 때문이 아니다. 건물의 가치 상승에 대한 기대 때문이다.

젊은 사람들이 건물에 드나들고, 성공한 창업 기업이 나오면 건물의 가치가 높아진다. 젊은 청년들이 많이 드나드는 건물로 탈바꿈이 되면 1층에는 스타벅스 등 각종 브랜드 기업들이 입주해 건물의 가격이 자연스럽게 높아지는 효과를 거두게 된다. 청년 기업가와 건물주, 박민우 대표 모두에게 좋은 일이다.

박민우 대표는 건물 내에서 상주하면서 청년 벤처사업가들이 기업가로 성장할 수 있도록 도움을 준다. 건물에 입주하는 청년 기업가들은 책상 하나를 임대했지만 사업 자문을 무료로 받고 창업 자금까지 지원받을 수 있고 기업 관리를 맡길 수 있어 좋다. 또한 그 공간을 함께 공유하는 청년 기업가들이 서로 의견을 나누면서 함께 성장하는 무대가 되기도 한다.

일주일에 한 번씩 공간에 입주한 사람들이 모여 교육을 받기도 하고, 프레젠테이션을 열어 사업 보완점에 대한 의견을 나눈다. 이런 시스템이 마련되니 각종 언론에 주목할 만한 청년 기업들이 소개돼 홍보까지 자연스럽게 이뤄진다.

정말인지 센세이션을 일으킬만한 아이디어였고 모두를 만족할 수 있는 시스템이었다. 건물주가 상업시설을 임대해 당장 얻을 수 있는 임대료를 훗날을 위해 양보해야 하기도 하지만 미래의 가치 상승을 위해 소탐대실하지 않고 모두의 이익을 위해 공간을 공유하며 함께 하는 시스템으로 만든 좋은 예이다.

이런 공간 시스템은 건물주의 건물과 공간을 빌리려는 창업가들이 있었을 때 움직였던 게 아니었다. 박민우 대표의 기획력과 실행력으로 시작된 것이다. 건물주도 자신의 직업이 임대 사업자보다는 청년 기업가들을 기르는 창업 투자자나 액셀러레이터 대표이사 격으로 자신의 이력을 만들 수 있어 더 좋을 것이다.

우리가 해야 할 일은 박민우 대표처럼 공간을 만드는 일이다. 창업을 한다면 정보와 네트워크가 있는 곳에 공간을 만들 수 있다. 사무실을 임대했다면 관련 업무에 종사하는 동료들에게 사무실 책상을 임대해 줄 수 있다. 공간을 공유하면서 임대료도 저렴해진다. 무엇보다 자신과 뜻이 맞는 사람들과 함께 다양한 사업 구상을 할 수 있다.

지자체에서 저렴하게 공급받은 청년몰의 한 공간을 다른 사람들과 함께 사용할 수도 있다. 제조업이 아닌 이상 책상 한 개와 노트북만 있으면 그 어디나 사무실이다. 그 시절 스티브 잡스도 친구네 자동차 창고 한쪽을 자신의 일터로 삼아 창업했다.

직장을 다니고 있더라도 퇴근 후 새로운 사람들을 만날 수 있는 공간 시스템을 고민해 보는 것도 나쁘지 않다. 그곳에서 뜨거운 에너지를 가진 사람들과 미래를 도모해 보자. 공간이 있다면 언제나 즐거운 사람들이 모여든다.

우리가 실제로 업무를 하면서 자문을 구해야 할 전문가가 있다면 그런 사람을 찾아가 조언을 들을 수도 있지만 판을 크게 벌여 세미나나 포럼 등을 개최해 각계 전문가와 관련 분야의 사람들을 그곳에 모아 이벤트를 여는 것도 좋은 방법이다.

그동안 기자생활을 하면서 관련 분야의 사람들을 만나러 현장에 다녔다면 이제는 방송국이라는 공간을 활용해 스튜디오에서 전문가들의 이야기를 들을 수 있는 방송을 만드는 것도 공간을 사 정보와 네트워크를 얻는 일이었다. 이렇게 매주 한 분씩 모셔 방송을 하면서 2년 만에 100여 명의 오피니언 리더들을 만났다. 그 사람들은 여전히 고급 정보를 주는 취재원으로 큰 도움이 되고 있다.

이렇듯 공간 시스템을 네트워크로 활용한다면 일을 하면서 맺은 인연을 내 사람으로 만들 수 있다.

나만의 스타일로 연출하라

시카고 방송국에서 리포터로 시작해 토크쇼 MC를 맡으며 전 세계로 프로그램 〈오프라 윈프리 쇼〉를 수출하게 만들었던 오프라 윈프리. 20년 넘게 장수 프로그램을 이끌며 세계인의 이목을 집중시켰다.

오프라 윈프리 쇼에 소개된 제품은 매진됐고 홈쇼핑에서 오프라 윈프리가 극찬한 제품이라고 마케팅한 제품은 많은 소비자들이 따져보지도 않고 사들였다. 파마머리에 검은색 원피스를 입고 시원하게 할 말 하는 그녀가 그렇게 매력적으로 보일 수 없었다. 현재는 토크쇼를 진행하지 않고 〈오프라〉라는 매거진을 발간하는 대표로 미디어 사업을 하고 있다.

오프라 윈프리 쇼의 또 다른 성공 요인은 MC와 제작진의 20년이 넘는 네트워크 관리와 방송에 대한 열정이 아니었을까. 불가능해 보이는 게스트더라도 섭외하는 제작진의 열정과 방송을 통해 그들의 진솔한 면모를 발굴할 수 있도록 하는 MC의 자질이 제작 방향과 맞아떨어진 것이다. 이들이 20년간 힘을 합해 방송을 만들었으니 이 얼마나 멋진 일인가.

그런 면에서 내가 10년 전부터 한국의 오프라 윈프리로 점찍어 놓은 사람이 있는데 바로 SBS 1기 개그우먼 정은숙 씨다. 방송에 대한 열정은 물론이고, 한번 맺은 인연의 대소사까지 진심으로 챙기는 연예인이다. 그래서 구체적으로 말하면 정은숙 씨와 함께 멋지고 진솔한 토크쇼 장수 프로그램 만드는 것이 나의 꿈이다.

그녀에게 간혹 전화를 하는데 언제나 그녀는 아파트 계단 청소를 하고 있었다. 왜 계단 청소를 하느냐고 물으면 운동 삼아 한다고 답을 했다. 항상 방긋 웃으며 사람들을 유쾌하게 만들고 사람들의 이야기를 진심으로 들을 수 있는 귀를 그녀는 가졌다. 공감 능력도 뛰어나 어려운 사람이 있으면 먼저 찾아가 마음을 어루만져 주는 사람이다.

함께 밥을 먹기 위해 식당에 가도 식당 아주머니 힘들다며 그릇을 모두 날라다 주고 그릇도 치우며 한 시간 넘게 서빙까지 도와주는 굳센 사람이다. 이런 따뜻한 사람과 함께 토크쇼를 한다면 얼마나 사람들이 유쾌할까. 초대 손님도 자신의 이야기를 담담하게 이어나가는 게 눈앞에 그려진다. 상식과 시사에도 밝아 오피니언 리더들과 대담을 해도 전혀 손색이 없다.

방송을 시작한 지 20년이 넘었지만 아직 이미지가 확실히 굳어지지 않아 토크쇼 MC로 만들기에 더 좋다는 확신이 든다. 모두 그녀를 알고 있지만 어떤 사람인지 궁금하게 만드는 만능 엔터테이너다.

그녀의 또 다른 장점은 매력 만점의 스타일이다. 자신만의 스타일을 갖기 위해 끊임없이 공부한다. 쇼윈도에 전시된 옷을 보고 뭔가 떠오르면 옷을 평가하기도 하고 디스플레이에 대한 조언도 아끼지 않는다.

그녀가 방송에 입고 나오는 옷들 대부분은 협찬의상이 아니라 본인의 옷이다. 아마도 의상 디자이너만큼 액세서리와 옷, 패션 아이템들을 가지고 있을 것이다. 자신을 잘 꾸밀 수 있는 사람이기에 실제로 보면 나이보다 10년은 더 어려 보인다.

이렇게 자신의 이미지를 잘 알고 자신에게 어울리는 옷을 입고 일하는 모습은 언제나 멋지다. 옷을 잘 입는 것은 스스로의 만족도 있지만 상대방을 위해서라도 꼭 필요한 부분이다. 젊은 시절부터 패션에 관심이 많았던 사람은 웬만한 패션 코디네이터의 안목을 뛰어넘는 수준으로 자신의 스타일을 구축하고 있다. 패션 능력은 오랜 기간 센스가 쌓여야 하는데 다른 왕도가 없다. 다른 사람들의 옷 입는 스타일을 보고 자신에게 맞는 옷들을 찾는 것이다. 이들은 기성복도 그대로 입지 않고 자신의 스타일에 맞도록 고쳐서 입는다. 자주 가는 단골 수선소를 두고 끊임없이 상의하면서 자신만의 스타일을 구축한다.

자기 자신에게 철저한 사람이 일에서도 멋진 모습으로 일을 잘 해낼 수 있다. 매력적인 사람에게 사람들이 모이는 것은 자연스러운 심리다. 이렇게 자신만의 스타일이 있는 사람들은 끊임없이 새로운 장르와 새로운 일을 하기 위해 도전한다.

패셔니스트들의 공통점은 언제나 사람들의 스타일을 공부하고, 자신만의 스타일을 구축하는 건 물론, 일에서도 프로의 모습을 보인다는 것이다.

일을 하면서 중요한 것은 사람에 대한 이해다. 그중 일상생활에 중요한 의, 식, 주 중 '의'를 완벽하게 이해하고 패션을 중요하게 여기니 그들은 어디서나 돋보이고 사람들의 관심을 받는다. 당신도 자신만의 스타일을 구축한다면 반드시 그 모습은 일에서도 긍정적인 영향을 끼칠 것이다.

언어 디테일로 앞서가라

한 번도 접해본 적 없는 인도 영화가 내 눈에 들어왔다. 인도 영화는 '인도의 할리우드'라고 일컬어지는 도시 뭄바이에서 제작돼 '발리우드 영화'라고 불리고 있다. 발리우드 영화는 그 독특한 매력으로 이미 세계인들의 눈과 귀를 사로잡고 있었다.

부천판타스틱영화제에서 한 인도 영화가 야외무대의 큰 스크린 위에 펼쳐지는데 내가 마치 영화 〈시네마천국〉의 주인공 토토가 된 것 같았다. 영화를 즐기고 싶어 혼자 맥주 한 캔과 과자를 들고 영화가 잘 보일만 한 잔디에 앉았다. 저녁 9시부터 상영됐는데 새벽 1시 가까이 돼서야 끝났던 210분의 대작이었다. 〈까삐 꾸씨 까삐깜〉이라는 제목의 영화로 한국말로는 '기쁠 때나 슬플 때나'다.

인도의 한 청년이 정략결혼이 싫어 애인과 함께 영국으로 떠나서 사는 이야기로 훗날 온 가족이 이들을 축복하고 함께 살아간다는 영화였다. 빤한 스토리에 권선징악의 결과로 이야기는 특별하지 않았는데 영화 속 화면들과 음악들이 사로잡았다.

뮤지컬처럼 배우들이 계속해서 노래하고 춤을 추는데 나도 영화를 보면서 덩달아 춤을 추게 되었다. 영화 스케일도 커서 비행기가 지나갈 때는 정말 비행기가 현재 내 눈앞에서 착륙하는 것 같은 느낌까지 들었다. 인도가 이렇게 영화를 잘 만들다니 놀라웠다. 이렇게 인도 영화를 감명 깊게 본 후 택시를 타고 집으로 돌아왔는데 장면들과 음악 멜로디가 귓가에 계속 맴돌았다.

새로운 문화적 충격을 받은 것일까. 다시 생각해 봐도 너무 즐거운 영화였다. 영화를 소장할 수 있다면 나의 전 재산을 주더라도 사고 싶을 정도로 보고 또 봐도 보고 싶은 영화였다.

당시 인도 영화에 대한 정보는 인터넷에 많이 노출되지 않아 급기야 인도 영화 사이트에 가입하게 되었다. 남자주인공은 인도 영화계의 안성기급으로 불리는 국민배우 '샤룩칸'이었는데 탤런트 권오중 씨와 비슷해 더욱 친숙하게 느껴졌다. 이렇게 새로운 매력을 접하고 나니 인도의 역사를 찾아보게 되고, 문화를 계속 알아보고 싶어졌다. 그리고 영화를 보지 못하더라도 발리우드 음악을 유튜브에서 계속 찾아 듣게 되었다.

인도 영화를 좋아하는 사람들이 모인 그룹은 실제로 힌두어를 배우기 위해 인도대사관을 찾아다녔고 한 달에 한 번 정기적으로 회원들이 만나 인도 영화를 감상하고 있었다. 그리고 그들은 인도 음식을 먹으면서 인도에 대한 이야기를 나누고 있었다. 나도 영화 덕분에 인도 레스토랑을 찾아다니며 카레와 난을 많이 먹었다.

언어를 배우게 되면 접하게 되는 정보와 문화의 양과 질이 달라진다. 영어를 자유자재로 할 수 있다면 우리가 할 수 있는 일이 많아진다. 입사할 수 있는 회사의 범위도 넓어지고, 대학원 과정은 여러 프로그램을 통해 무난히 해외에서 장학금을 받고 다닐 수 있다. 또한 다른 나라에 가더라도 영어는 세계의 공통어이기 때문에 의사소통만 된다면 다양한 국가의 사람들도 만나서 의견을 교류할 수 있다. 영어는 일정 수준 정도 사용하는 건 어려운 일이 아니다. 문제는 영어 외의 언어다. 제2외국어는 새로운 시야를 열어주는 관문이라 생각한다.

제2외국어는 완벽하게 배운다기보다 자연스럽게 문화 속에서 익히면 어떨까. 필요에 의해 배우는 것이므로 더 효율적일 것이다.

요즘은 영어 외에도 중국어와 프랑스어까지 하는 신입사원들도 많아서 그들의 문화는 다양한 정보로 가득하다. 은행에서는 중동으로 영업장을 확장하기 위해 아랍어를 할 줄 아는 사람을 채용하기도 하고, 각 대사관에서는 각국에 맞는 언어를 할 줄 하는 사람을 대상으로 공무원으로 채용하기도 한다.

힌두어를 완벽하게 배우지 못했지만 인도 영화 한 편으로 인도에 대한 관심이 커져 인도인을 만날 일이 있거나 인도 관련 포럼이 열릴 때면 취재를 자청하곤 했다. 스무 살 때 경험이 이렇게 평생의 관심사가 되는 것이다.

초인재는 작은 것에도 큰 관심을 두고 앞으로의 일을 확장해 나간다. 그게 일로서 만들어질 수 있고, 삶과도 연결될 수 있도록 말이다. 그 시절 〈까삐 꾸씨 까삐 깜〉 영화 한 편을 보지 못했더라면 내 인생이 얼마나 한쪽으로 치우쳤을까?

청년 시절의 경험은 아무리 강조해도 지나치지 않다. 제2외국어를 배우고 다양한 외국 문화와 정보를 접하면서 나만의 세상을 확장하는 경험을 말이다.

4장

신입사원 2년차,
성공을 향한 점핑 포인트

성공 포인트 앞에 서다

"진정한 부자는 조금이라도 젊을 때, 인생을 즐길 수 있을 때 부자가 돼야 한다."

전 세계 베스트셀러 책 『부의 추월차선』(토트출판사, 2013)이 진정한 부자를 한마디로 요약한 문장이다.

저자인 엠제이 드마코(MJ DeMarco)는 차량 예약 서비스를 제공하는 'Limos.com'의 설립자다. 30대에 자수성가한 백만장자 사업가이고 발명가인데 현재는 애리조나주 피닉스에 살면서 자동차, 여행, 미식, 글쓰기, 피트니스, 람보르기니 동호회 활동을 하며 경제적 자유를 열정적으로 즐기며 살고 있다.

죽도록 일해서 돈을 벌고, 아끼고, 모으는 것만으로는 절대 젊어서 부자가 될 수 없다고 말하는 그도 불과 몇 년 전까지 청소일을 하며 근근이 살았다. 어머니를 부양했고, 허황한 꿈을 좇는다며 주변의 손가락질을 받았지만 결국 부자가 되는 특별한 공식 즉, 추월차선 법칙을 발견해 단시간 내에 수백억대의 자산가가 되었다. 그는 언제나 인생의 진정한 황금기는 우리가 젊고, 지각 있고, 생기 넘칠 때 가능하다고 주장하며 비교적 젊거나 35세 이하에 돈을 번 사람들의 삶을 동경했다. 그래서 40년 가까이 일하고 아껴 쓰면서 백만장자가 된 사람보다는 젊은 부자가 되는 것을 목표로 삶았다.

그가 했던 사업 방법은 제품을 홍보하는 웹사이트를 만들고, 그 사이트에 고객들이 배너로 광고하면 수익을 창출하는 방식이다. 주문이 들어오면 웹사이트를 직접 제작해 주기도 해 리무진을 운전할 때 보다 많은 돈을 벌 수 있었다. 이후 회사를 매각하라는 몇몇 기업가들의 전화를 받고 팔아 목돈을 만들어 사업의 시드머니를 만들었다.

그는 처음부터 웹사이트를 만들 수 있는 사람은 아니었는데 고객들의 제품을 홍보 할 수 있는 웹사이트를 만들어야겠다는 생각을 갖고 하나씩 공부하며 성과를 쌓았다.

돈은 이기적인 사람들에게 끌리지 않고 돈은 문제점을 해결하는 사업에 끌린다는 사업의 공식을 정확하게 간파한 젊은 사업가다.

대규모로 고객들의 욕구를 해소하면 대규모의 돈이 끌려온다는 실리콘밸리의 기업의 철학과 같은 이치다. 이런 시스템으로 서른한 살에 처음으로 100만 달러를 벌었고 서른일곱 살에 은퇴했다. 현재는 매달 이자와 투자수익으로만 수천만 달러를 벌고 있다. 일과가 어떠하든지 돈을 벌기 위해 일하지 않는 삶으로 인생을 전환한 것이다.

엠제이 드마코의 인생을 예를 들었지만 우리도 신입사원 시절 젊은 부를 쟁취할 수 있는 시스템을 만들어야 성공할 수 있는 확률이 높아진다. 그 시스템을 만들 수 있는 에너지는 20대가 가장 폭발적이며, 무언가를 새로 시작하기에도 주변에서 도와주는 사람이 많은 특별한 시기다. 더욱이 신체적으로도 신진대사가 가장 활발할 때여서 자신의 능력보다 200% 집중해 많은 힘을 낼 수 있는 시기이기도 하다.

현재 그는 돈을 벌지는 않지만 초인재처럼 사회에 공헌하고 사회문제를 해결하는 데 앞장서고 있다. 실현 불가능해 보이는 일들을 해결하면서 살아가고 있다. 실현 불가능한 일이란, 인류에게 필요한 일이지만 해결하지 못하는 일이다.

국내 초인재 신입사원들은 이런 성공의 법칙, 부의 추월차선의 과정을 통해 세상의 문제점을 해결하는 사업을 찾도록 해야한다. 변화의 중심에 서서 모든 혜택을 체험하면서 부족할 수 있는 부분을 찾고 문제를 해결하는 역할을 찾아야 한다. 오래전부터 국내 초인재 신입사원들은 이런 일을 하고 있었고, 적당한 시기와 왔을 때 문제를 해결하기 위해 과감히 회사를 퇴사하고 문제를 해결하며 경제적 자유와 사회의 공헌, 보람을 동시에 얻었다. 그들이 바로 우리나라의 벤처기업의 신화 CEO들의 모습이자 자수성가한 사람들의 모습이다. 하고 싶은 것을 하면서 다른 사람들의 욕구에 귀 기울여 문제점과 서비스 결함이 무엇인지 동시에 좇았던 것이다. 특별한 결과를 원한다면 특별한 생각을 해야 한다. 우리가 내린 선택이 모여서 과정이 되고 과정이 라이프스타일을 만들 듯이 라이프스타일을 결정하는 선택들이 모여서 부자를 만들 것이다.

회사에서 퇴사 당하지 않기 위해 몸부림치는 사람이 있는가 하면, 어느 정도 시점에서 회사에서 퇴사해야겠다고 마음먹고 일하는 사람이 있다.

우리는 그 선택에 시간이 왔을 때 어떤 선택을 할지 고민해야 한다. 더욱이 내 의지와 상관없이 회사를 그만둬야 할 상황이 생기면 우리는 어떻게 그 시기를 잘 이겨내고, 더욱 성장할 수 있을까?

엠제이 드마코는 젊은 시절, 부를 창출하는 시드머니가 될 수 있는 다섯 가지의 아이템을 제시했다. 제4차 산업혁명 시기에는 이런 사업으로 사람들의 부족한 부분들을 채워주고, 시간을 단축한다면 큰 도움이 될 것 같다.

- 임대 시스템
- 컴퓨터·소프트웨어 시스템
- 콘텐츠 시스템
- 유통 시스템
- 인적 자원 시스템

임대 시스템의 경우 자본을 투자해 건물이나 공간을 임대해 임차인들에게 돈을 받으면서 관리하면서 얻는 수익을 말한다. 집 한 채를 임대할 수 있는 돈이 생기면 집을 얻어 임대하고 그 수익으로 또 다른 집을 임대해 계속해서 수익 시스템을 만들 수 있다.

컴퓨터·소프트웨어 시스템은 드마코처럼 홈페이지를 만들어 수익을 내는 방식이다. 광고배너 수익은 부가적 이익이 발생할 수 있다. 홈페이지를 만들어 부가적인 광고수익을 올릴 수 있는 방식이다.

콘텐츠 시스템은 우리가 영화를 만들거나 책을 만들거나 영상, 노래를 만들거나 하는 방식으로 한 번 만들어 노출을 시키면 많은 사람들이 보고, 사용하면서 이익을 얻을 수 있는 경우다. 저작권이라는 보호 아래 수익이 창출되는데 저작권이 사후 70

년 동안 보장돼 사람들이 사용하는 만큼 계속해서 수익이 난다.

유통 시스템은 생산지에서 소비자에게 도달하는 과정까지 중간 유통 시스템을 변화시킬 새로운 개념을 도입해 수익을 창출하는 것이다. 요즘은 로컬 푸드와 직거래가 중요한 만큼 생산지에서 판매될 수 있도록 한다면 유통수익을 올리면서 신선한 물건을 팔 수 있는 시스템이 만들어진다.

인적 자원 시스템은 사람들을 적재적소에 배치하고 일할 수 있도록 시스템을 도입하는 것으로 인적 관리와 수급을 통해 수익을 얻을 수 있다. 사람들이 많아질수록 수익이 점점 늘어나는 것으로 관건은 사람 관리이다. 사람들을 교육하고 관련 분야에서 일할 수 있도록 한다면 사람들이 벌어들이는 돈의 일부를 수익으로 가져올 수 있다.

모두 적은 비용으로 진입장벽이 낮게 시작할 수 있는 것들로 사람들과 사람들 간의 관계를 이어주고, 부족한 부분들을 채워줄 수 있는 아이템이다.

이 다섯 가지 씨앗으로 반드시 성공할 수 있는 것은 아니지만 서로 이종 교배하며 새로운 것들을 접목하기에 가장 표준적인 아이템인 것은 분명하다.

교육혁명 위에 올라타자

미국 스탠퍼드 대학교가 인기 있는 컴퓨터공학 수업 몇 개를 웹사이트에 무료로 공개해 엄청난 화제를 모았다. 이제는 하버드, MIT 등 누구나 이름만 들으면 아는 명문 대학들도 동참해 이 사이트에 가면 무료로 수업을 들을 수 있다. 각 대학의 소속 교수들도 질 좋은 강의를 동영상 과정으로 만들어 누구나 들을 수 있도록 했다. 이 사이트는 대규모(Massive), 공개(Open), 온라인(Online), 수업(Course)을 약자로 한 '무크(MOOC)'라는 사이트다.

실제 대학에서 이루어지는 강의, 토론, 평가에서 수료까지 누구나 인터넷을 통해 무료로 누릴 수 있는 완전히 새로운 교육의 방식이다. 언제, 어디서나, 배우고자 하는 의지만 있으면 누구에게나 무료로 제공되는 세계 명문대학 명강의 시스템을 활용해 이론적 지식을 단단히 하고, 세계 트렌드를 읽고 다가올 미래를 준비한다면 다양한 분야에 융합할 수 있다. 현재 무크 등록 학생은 4천만 명으로 폭발적인 증가세를 기록하며 사회 변화를 일으키고 있다.

고급 교육 자료를 누구나 이용할 수 있어 일종의 교육 민주화를 일군 셈이다. 평생교육 측면에서도 대학생뿐만 아니라 고등학생과 일반인도 무크를 활용해 지식을 쌓고 정보를 얻는다. IT를 비롯해 경영까지 영역을 넓혀 실무적인 학습도 가능하다. 컴퓨터, 코딩, 데이터 과학, 물리, 경제, 마케팅, 커뮤니케이션을 비롯해 인문학, 교육, 영어, 수학, 음악, 예술 등 필요한 부분의 강좌들을 쉽게 찾을 수 있는데 세계 유명 대학 강의를 이미 많은 사람이 활용하고 있다.

이렇게 무크 시대가 되면서 대학이 수여하는 학위가 다양해졌다. 단기간 무크 수업을 통해 수여되는 버튼부터 시작해 마이크로학위, 나노디그리 등 각종 수료증을 수여해 교육의 장이 확대되었다.

무크에서 강의를 들으려면 3대 무크 사이트인 코세라(Coursera), 에덱스(edX), 유대시티(Udacity) 사이트에 접속하면 된다. 누구나 무료로 무제한으로 수업을 듣는 게 가능한데, 수료증을 받기 위해서는 40~500달러를 지불해야 한다. 또 학점을 받기 위해선 학점당 200달러를 지불하면 된다.

애리조나 대학교에 유대시티 패키지 코스의 경우, 나노디그리 학위 취득 후 6개월 이내에 취직이 안 되면 교육비를 환급해 주기도 한다. 조지아 공대 컴퓨터 학과 대학원 과정, 일리노이 MBA, MIT 물류경영 MBA는 무크만을 이용해 저렴한 가격으로 정규 학위 취득이 가능하다. 무크의 교육 혁신은 배움에 대한 가치관을 새롭게 바꿔 놓았다.

무크는 2002년 MIT가 먼저 시작했다. 전통적인 대학 강의와 수업 자료를 공개한 MIT는 인터넷 기술의 발달과 인류 전체를 위한 양질의 교육 제공이라는 이름 아래 수업을 공개했다.

그동안의 대학 교육이란 물리적 공간이라는 한계 속에 지난 500년간 거의 변하지 않은 채 굳어져 왔다. 그런데 무크로 인해 교육의 방식이 온라인 기술과의 적극적인 접목을 통해서 근본적인 변화를 맞았다. 이미 인류의 일상을 획기적으로 바꿔 놓은 온라인 기술은 이제 대학교육과 접목되어 이전의 한계를 훌쩍 뛰어넘는 새로운 모습으로 진화한 것이다.

수천만 명에 이르는 인기 무크 강좌의 등록 학생 수를 통해 볼 수 있듯이 대규모 온라인 수업인 무크는 수강 인원과 자격에도 제한이 없다. 수많은 학생을 통해 얻은 데이터를 분석해 지금껏 놓쳐 왔던 교육적 맹점을 극복하고 더욱 진화된 학습의 방향으로 나아가고 있다.

이와 발맞춰 기존 종이 교과서는 점점 사라지고, 어디서나 접속할 수 있는 스마트 폰 속 전자 교과서로 대체되고 있다. 강의실과 기숙사 또한 전 세계의 사이버 공간으로 옮겨져 기존의 물리적 장벽을 극복해 나가고 있다.

이렇게 무크는 기존 교육의 장점을 흡수하면서도 그 한계를 뛰어넘어 완전히 새로운 상상력을 실현하고 있다.

사실 '온라인 강의'는 이전에도 존재했다. 무크가 지금까지의 온라인 강의와 다른 것은 그저 하나의 비디오 강의가 아니라 과제, 토론, 평가, 수료 등 기존 수업의 요소를 모두 갖춘 '실제 수업'이라는 점이다.

일방적으로 동영상을 시청하는 데서 그치지 않고 퀴즈를 풀어 과정을 통과해야 하고, 과제를 해결해서 평가를 받고, 교수와 동료 수강생과 토론을 하며 피드백을 받는다. 동시에 기존 수업 방식의 획일성을 벗어났기 때문에 학생 각자에게 훨씬 효율적인 학습으로 맞춤형 교육이 가능해졌다. 모든 과정을 마치면 주어지는 수료증을 자신의 진학이나 취업 등 미래를 위해 실질적으로 활용할 수 있다.

무크는 기존의 강의실과의 통합 학습을 통해 새로운 방향을 제시하고 있다. 강의는 무크로 듣고 실제 강의실에서 심화한 연습과 토론을 진행한다. 이런 방식은 제4차 산업혁명 시대의 교육 방식이다. 무크의 등장으로 인해 교육계에는 학습의 패러다임을 둘러싼 다양한 논의가 이미 새롭게 물결치고 있다. 또한 학교라는 시간과 공간을 넘어서 필요한 고급 지식을 언제든 습득하는 창구가 됨으로써 진정한 평생 교육도 가능해졌다.

이러한 사실은 대학 교육의 변화를 둘러싼 이슈로 대학의 존재 의의까지도 질문하게 한다.

미국에서는 지난 30년간 대학 등록금이 무려 6배가 올랐다. 학습에 대한 의지나 재능과 관계없이 금전적인 이유로 교육을 받지 못하는 이들이 그만큼 많아졌다는 것이다. 무크는 이에 대한 임시방편적 대응이 아닌 근본적인 대안을 제시하고 있는 셈이다.

한국도 값비싼 대학 등록금, 등록금에 비해 낮은 학문적 효율과 성취로 인해 미국 사정과 크게 다를 바가 없다.

우리는 왜 값비싼 등록금을 내고 심지어는 학자금 대출까지 받아가며 대학에 다니는가? 대학이 판매하고 있는 것은 무엇인가? 우리가 대학을 통해 얻는 배움은 무엇인가? 이러한 질문들 속에서 무크 즉 '대규모 공개 온라인 수업'라는 개념이 기존 교육의 뿌리를 뒤흔들고 교육의 민주화를 촉발한 것이다.

우리가 고급 정보와 최신 정보를 얻기 위해 아이디어를 구상해야 한다면 무크 속에서 교수와 해외 학습자들과 많은 의견을 나눠볼 필요가 있다. 그들의 이야기는 세상의 문제를 해결하기 위한 의견이자 세계인을 통해 상식선에서 토론되는 생생한 현재다.

숙명여대 역사문화학과 김형률 교수는 '디지털 휴마니티즈 센터'를 창립해 지식과 정보, 큐레이팅과 무크 캠퍼스 운영을 하고 있다. 이미 유럽과 북미의 유명 대학들도 몇 해 전부터 디지털 휴마니티즈 연구소를 앞 다투어 운영함으로써 21세기 대학의 학문연구와 지식전달의 두뇌 역할을 담당하고 있다.

디지털 휴마니티즈(Digital Humanities)는 인터넷상의 자료들을 찾아내서 다양한 형태로 재가공해 이해와 습득에 가장 효과적인 지식 정보 자료를 만들어 내는 영역이다. 일종의 지식 큐레이터라고 할 수 있다.

'디지털 휴마니티즈'는 아마도 수년 내 영미권 대학들에서 독립된 학부 전공으로 확립될 전망이다.

미래전략 방법을 숙달하자

　대학원에서 2년 동안 공부하면서 가장 오래 기억에 남았던 내용은 '미래전략 방법'이다. 어떤 일이든 미래전략 방법 35가지 이론을 적용하면 도출되는 결과물이 너무나 흥미로웠다. 발생 가능한 미래를 미리 상상하고 대응책을 찾기 위한 미래전략 방법은 일상생활에서도 충분히 위력을 발휘할 수 있다.

　미래에 대해 정확하게 예측할 수 없다고 대비하는 것을 포기하면 미래 문제가 가까이 왔을 때 대응할 수 없다. 초기부터 데이터를 모으고, 문제를 발견하며, 관리해야 하는 과정이 필요하다. 그래야 미래가 가까이 다가왔을 때 정확한 예측이 가능하다. 미래전략 과정은 이광형 카이스트 비전2031 위원장으로부터 사사했다. 그 주요 내용을 살펴보자.

우선 미래를 5단계로 나누어 관리하면 중요한 요소를 빠뜨리지 않고 미래를 설계할 수 있다. 이는 기업에서 프로젝트를 수행하는 과정에서도 꼭 필요한 부분이다. 미래예측 5단계는 ① 미래예측 ② 미래설계 ③ 미래전략 수립 ④ 미래계획 ⑤ 유지보수 순이다.

① **미래예측**: 문제 정의, 관련 요소 파악하기, 핵심 동인 연구, 예측 작업, 결과 통합
② **미래설계**: 희망 미래 세우기, 핵심 동인 연구하기, 비전 작성하기
③ **미래전략**: 미래 희망 표현하기, 현재와 희망 미래의 차이 파악, 전략 작성
④ **미래계획**: 구체적인 실행안 모색, 원드 터널링 시뮬레이션, 평가와 검증, 우선순위 세우기, 계획 작성
⑤ **유지보수**: 미래 관계자들과의 소통하면서 바로잡기

우선 현재 상황을 분석해 앞으로 10년 후, 20년 후 미래가 어떻게 펼쳐질지 예측해 본다. '책'에 대한 미래를 예로 든다면 다음과 같다.

미래예측 과정으로 책은 모두 전자책으로 변환될 것으로 손

안에 책 수만 권을 소장할 수 있게 될 것이며 나아가 전자책 자체를 칩으로 몸에 인식하면 뇌와 연결돼 내용이 숙지 될 수 있지 않을까 하는 예측을 한다. 미래설계 과정에서 전자책을 몸에 삽입한다면 그때그때 정보를 곧바로 알 수 있고, 혼합현실(MR, Mixed Reality)고글을 쓰면 책 내용이 읽을 수 있도록 펼쳐질 수 있을 것이라 계획을 세웠다. 미래전략 과정에서 기술적으로 이렇게 만들 수 있는 기술의 현주소와 미래발달과정 등을 전문가들과 상의하고, 이들 기술들의 장단점을 분석한다. 미래계획 과정에서 전자책을 몸에 심어 쉽게 불러내고, MR을 이용해 뇌에 인식될 수 있도록 하는 등 새롭게 전자책의 확대성을 시뮬레이션하는 단계를 거친다. 유지보수 과정에서 불완전한 요소들을 파악해 미리 제거하거나 장애 요인을 보수하면서 책의 20년 후의 모습을 '생체삽입형 전자책'으로 만들 것을 계획하는 것이다.

미래예측 과정에서는 어떤 분야의 미래를 예측하느냐가 가장 중요하다. 미래를 예측하는 게 하나의 가설이고, 나머지 부분은 검증해 나가고 기술적으로 발달시켜야 하는 분야이기 때문이다. 미래예측 과정은 또다시 5가지로 세울 수 있다.

- 관심 영역 설정
- 관련 영역 설정

- 데이터 수집
- 미래환경 설정
- 미래예측

우리가 '책의 미래'로 미래를 예측 할 수 있도록 설정한 것처럼 관심 영역 설정 - 관련 영역 설정 - 데이터 수집 - 미래환경 설정- 미래예측의 단계를 거쳐야 실현 가능한 미래예측을 할 수 있다.

미래예측의 분야를 결정하는 것도 개개인의 관심사와 가치관, 새로운 지식, 기술공학, 사회문제, 문화 등으로 구분되기에 다양한 현실들을 깊이 있게 숙지할 수 있도록 관심 갖는 게 중요하다.

이런 과정들을 거쳐 미래를 대비하고, 문제를 예측하고 해결한다면 계속해서 어떠한 위기가 오더라도 미리 리스크를 예측해 해결할 대안이 생기게 된다. 과제 자체를 스스로 발견하는 힘, 독자적인 생각을 창조하는 힘, 그것을 논리적으로 전개하는 힘, 타인과 그 생각을 공유하는 힘, 필요하다면 주위를 설득하는 힘을 동시에 기를 수 있도록 한다.

미래를 예측해 보고서를 만들 때는 'STEPPER 스테퍼의 7가지 요소'를 체계적으로 대입해 보면 된다.

초인재

스테퍼는 우리 사회를 바꾸는 요소 중에서 주도적으로 영향을 미치는 요소를 찾아, 그 요소를 중심으로 미래를 예측하는 방식이다. STEPPER의 7가지 요소도 이광형 교수가 고안한 아이디어인데 Society_사회, Technology_기술, Environment_환경, Population_인구, Politics_정치, Economy_경제, Resource_자원의 약자이다. '책'이라는 문제를 STEPPER에 적용시켜보면 이렇게 활용된다.

① S(Society): 사회적인 요소에서는 사람들의 책에 대한 인식을 검토한다. 책이 전문서인가, 기능성 제품인가 등의 고찰이 필요하다.

② T(Technology): 기술에서는 책 제조 기술을 고려한다. 더 가벼운 재료, 더 보기 쉽게 하기 위한 기술, 책 내용을 금방 찾기 위한 기술 등을 생각할 수 있다.

③ E(Environment): 환경이 변하고 있다. 점점 사람들이 책을 읽지 않고, 정보를 찾는 하나의 구실로 생각하고 있다. 사람들은 미래 책에 대해 어떤 기능을 원하는지 생각해 볼 수 있다.

④ P(Population): 우리나라의 인구는 줄어들고 있다. 국경은 없어지고 더 많은 사람이 책을 공유할 수 있다.

⑤ P(Politics): 책이 계속해서 소장할 수 있는 것인지? 책이 없어질 가능성이 있는지 등을 생각할 수 있다.

⑥ E(Economy): 책의 가격이 비싼 것인지? 더 비싸질 영향은 없는지,

IT기술과의 접목으로 더 쉽게 책을 숙지하고, 가까이 둘 수 없는지. 전자 책의 현재 한계는 무엇인지를 알 수 있다.

⑦ R(Resource): 종이가 언제까지 보관할 수 있는 것인지. 영구적으로 책을 보관하려면 어떻게 해야 하는지, 몸에 책 전자칩을 넣었을 때 부작용은 없는지를 알 수 있다.

이런 스테퍼를 활용해 미래를 예측한다면 기업에서 신성장동력 산업들을 선정할 때 크게 도움이 될 수 있다.

전화의 기능이 이제는 스마트 폰으로 하나의 플랫폼으로 생체인식기술, 카메라 저장, 유통결제의 수단으로 자리매김했듯이 각 분야의 생산품들이 미래에도 존재할 것인지 아니면 새롭게 플랫폼이 바뀔 수 있는지는 이 이론으로 도출해 낼 수 있다. 따라서 제품의 생산 보고서에는 이제 스왓(SWOT)분석이 아니라 스테퍼를 활용한 분석이 더 필요해질 것이다. 이 스테퍼 이론만 사용한다면 어떤 분야에든 적용돼 미래에 산업이 어떻게 변화될 수 있는지 예측과 설득이 가능하게 될 것이다.

35가지 미래전략 이론

지난 2017년 11월 24일 국회에서 '국회미래연구원법안'이 통과되었다. 국회미래연구원은 국가의 미래환경 변화를 예측하고, 분석하고 분야별 중장기발전 전략을 수립하는 목적으로 설립되었다. 미래연구원 설립에 기여한 이광형 교수는 개개인의 삶에도 미래환경 변화에 대비한 전략을 수립해야 한다고 말한다. 그러면서 '시간'과 '공간', 그리고 '분야'를 활용한 '3차원 창의력 개발법'을 적극 활용해야 한다고 주장한다. 3차원 창의력 개발법의 목적은 오류를 줄이고, 체계적인 미래 예측을 하기 위한 방법이다.

『3차원 창의력 개발법』(비즈니스맵, 2011년)에서 이광형 교수는

"창의력 개발법에서 가장 주목할 점은 첫 번째는 미래를 예측하는 사람이 얼마나 많은 경험과 전문성을 가졌는가 하는 점이다. 두 번째는 데이터로 얼마나 적절하고 풍부한 데이터가 주어졌느냐에 따라 달라진다. 아무리 능력이 있어도 데이터가 부족하든지 또는 오류가 포함되어 있다면 정확한 예측은 어렵다. 세 번째 요소는 도구이다. 미래를 예측하는 방법이 얼마나 적절한가가 중요하다"고 정리했다.

3차원 창의력 개발법은 '시간'과 '공간'과 '분야'의 이동으로 가능하다. 각 항목에 맞춰 질문을 하면서 도출해 내야 한다. 현재 나의 미래를 20년 후로 돌려놓고 어떤 시간에 어떤 공간에서 어떤 분야에 종사하고 있을지 미래를 현재로 기반해 예측해 보는 것이다.

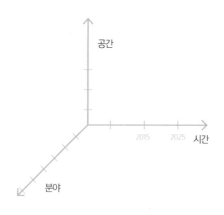

이광형 '3차원 창의력 개발법' 도식

시간에 대한 질문:

- 내가 20년 후에도 이 직업을 종사하고 있을까?

- 이 직업이 20년 후에는 없어지지 않을까?

- 나는 어떤 모습으로 살아가고 있을까?

- 내가 결혼은 했을까?

- 내가 좋아하는 취미를 여전히 하고 있을까?

공간에 대한 질문:

- 내가 현재의 모습을 가지고 중국으로 가서 일 해보면 어떨까?

- 미국, 뉴질랜드, 호주, 네덜란드, 영국, 프랑스, 아프리카에서 살면 어떨까?

- 다른 곳에서도 이 직업을 계속해서 이어나갈 수 있는 것일까?

- 다른 지역에서 새로운 것을 시작한다면 무엇을 할 수 있을까?

분야에 대한 질문:

- 내가 하는 분야를 다른 분야와 접목하면 어떨까?

- 나는 어떤 사람들과 교류해야 지금 하고 있는 분야를 더 발달시킬 수 있을까?

- 여가생활에서도 문화생활에서도 정치적인 문제에서도 내가 가진 기술을 활용할 수 있을까?

3차원 창의력 개발법의 '시간+공간+분야'의 방식으로 현재 나의 직업인 '기자'라는 주제를 놓고 질문을 융합해 해석한다면, '기자'라는 직업은 인공지능이 상용화하는 20년 후 없어질 수 있는 분야라 정보의 큐레이터로서 정보의 정확도를 구별하고 분야를 해석하며, 상황을 분석할 수 있는 능력으로 접근해야 한다는 결과가 도출된다. 현재의 '기자'의 모습으로 20년 후에도 가치 있는 일을 할 수 있도록 개인이 미디어로서 정보의 큐레이터로서 정보의 생산자이자 콘텐츠 제작자, 유통에 발 빠르게 움직일 수 있도록 하는 미디어 전문가가 돼야 한다. 기자는 프로듀서의 역할, 콘텐츠 제작자의 역할, 유통의 확대, 미디어 경영 등을 익혀야 할 것이다.

미래는 각 분야의 전문기자 제도가 발달하게 돼 기자는 뉴스 큐레이터로서의 가치가 높아질 것이고, 정보를 말과 글로써만 제공하는 게 아니라 영상이나 노래, 영화 등의 복합콘텐츠로 표현해 낼 수 있는 기술을 습득해야 한다. 이런 능력은 공간, 시간, 능력의 한계에 구애를 받지 않는 지속가능한 능력이다.

시간과 공간과 분야의 3차원 맵을 20년 후로 축의 방향을 이동해 창의력을 개발하고 이를 바탕으로 미래전략을 마련한다.

우리가 원하는 미래를 설정하기 위해 유용하게 사용되는 것으로 미래를 예측할 때 이들 이론들이 적용된다. 3차원 창의력 개발법 외에 미래를 예측하는 이론 35가지를 살펴보자.

35가지 미래예측기법 이론

1. Backcasting(백캐스팅): 원하는 미래를 정의하고 그에 따라 현재 시작하는 것을 계획하는 방식.

2. Brainstorming(브레인스토밍): 자유로운 토론으로 창조적인 아이디어를 끌어내는 일.

3. Causal Layered Analysis(다층적 요인분석): 특정한 미래상을 통시적으로 연역해내는 대신 현재와 과거의 추세를 동시적으로 고려해 가능성 높은 미래를 탐지하는 것.

4. Chaos theory(카오스 이론): 겉으로 보기에는 불안정하고 불규칙적으로 보이면서도 나름대로 질서와 규칙성을 지니고 있는 현상을 설명하려는 이론.

5. Cross Impact Analysis(상호영향 기법): 다양하고 개별적으로는 연관성이 없어 보이는 사건들이 동시에 발생하게 될 경우 특정 사건에

명백한 영향을 줄 수 있는 것으로 미래의 사건들이 서로에게 어떻게든 영향을 끼친다는 전제를 바탕으로 예측된 미래 이벤트 간의 상호관계성을 규명하는 방법.

6. Delphi method(델파이 법): 그리스 고대도시의 명칭을 딴 것이며, 전문가의 직감과 판단으로 하는 미래 예측. 대단히 예측하기 어려운 것을 앙케트를 반복하고 계속 내용을 정리해 나가는 하나의 수법.

7. Decision making(의사결정): 여러 대안 중에서 하나의 행동을 고르는 일을 해내는 정신적 지각 활동. 모든 의사 결정의 과정은 하나의 최종적 선택을 가지게 되며 이 선택의 결과로 어떤 행동 또는 선택에 대한 의견이 나오게 됨.

8. Expert panel & Futures (전문가 위원회와 미래 워크숍): 전문가위원들과 함께 모여 미래 현상에 대한 의견을 나누며 미래를 예측.

9. Environmental scanning(환경 스캐닝): 이머징 이슈를 감지하고 판별하기 위한 기법. 신문, 잡지, 웹사이트 등 미래변화 징후를 파악할 수 있는 미디어 조사를 통해서 사건보다는 급속한 변화 트렌드에 초점

10. Critical and key technology analysis(비판과 핵심기술 연

구): 핵심기술을 연구하면서 의도적으로 비판을 이어나가 리스크를 줄이는 것.

11. Forecasting(예측 기법): 통찰력을 의미하며 패션의 경우, 유행 경향을 읽는 포어-캐스팅 능력의 배양을 통해 이루어짐.

12. Futures Wheel(미래바퀴 기법): 특정 사건 발생시 1차적인 영향, 2차적인 영향을 분석 및 예측, 메가트렌드가 어떻게 변해 갈지를 예측해 주는 방법론.

13. Heuristic(휴리스틱): 시간이나 정보가 불충분하여 합리적인 판단을 할 수 없거나, 굳이 체계적이고 합리적인 판단을 할 필요가 없는 상황에서 신속하게 사용하는 어림짐작의 기술.

14. Modeling & Simulation(모델링과 시뮬레이션): 어떤 모형 또는 모의실험이 다른 모형이나 모의실험에게 서비스를 제공하고 또한 서비스를 제공받는 등의 서비스를 서로 교환하여 상호 효과적으로 운용될 수 있는 능력.

15. Gaming(게임 학습): 기본적인 방법으로 시뮬레이션을 사용하는 것 또는 경영이나 전쟁을 게임으로 보고 당사자가 취하는 전략의 결정 기

준을 합리적으로 찾기 위해 구상된 것.

16. Relevance trees(관련 수목법): 일정한 목적이나 사명을 달성하기 위해, 대신 사용할 수 있는 방법을 체계적으로 평가하여 선택하는 방법. 여러 가지 의사결정에 사용되는데, 기술예측의 한 방법.

17. Network analysis(네트워크 분석): 네트워크를 형성하고 있는 그러한 사람·조직·사물 등을 액터(actor)라고 하는데 액터 간의 네트워크의 배치 구성이 네트워크 구조이며, 이러한 구조를 기술·분석하는 것.

18. Participatory methods(참여 방법): 전문가들이 함께 참여하며 의견을 나누는 미래예측 방법.

19. Patent analysis(특허 분석): 특허 분석을 통한 기술혁신을 예측한다. 세계화, 다변화 경쟁 속에 연구개발을 통한 기술혁신은 기업의 지속 가능한 성장을 위한 경쟁 우위의 핵심역량이 된다.

20. Personal future(개인의 미래): 개인의 미래 등을 살펴서 과학적 사실 유추

21. Prediction market(예측 시장): 시장 메커니즘을 활용하는 예측 시장 기법. 정보를 기초자산으로 하는 금융거래시장을 이용하면 대기업이나 벤처기업의 수요예측, 신제품 개발 등 여러 기업 활동의 복잡한 의사 결정을 하는 데 기준을 제시함.

22. Structural Analysis(구조 해석): 항공기, 자동차, 산업용 기계 등 기계 구조물의 강도, 변형, 진동, 소음, 온도 분포 등의 물리 현상을 수학적으로 모형화하여 해석하는 작업.

23. System Dynamics(시스템 다이내믹스): 사회 시스템과 같은 복잡하고, 대규모로 시간 지연을 수반하는 비선형 피드백 시스템의 동태를 해석하기 위한 하나의 방법론.

24. Road-mapping(로드 맵핑): 도표를 그려가면서 앞으로 일어날 상황을 유추.

25. Scenarios(시나리오 기법): 탐색적 시나리오는 목표를 정하지 않고 현재의 변화 흐름과 환경의 추세 분석을 통해 인과관계를 중심으로 작성하는 시나리오.

26. Technology sequence analysis(기술사건 분석): 과학과 관

련된 기술을 분석하는 것.

27. Text Mining(텍스트 마이닝): 내부 대용량의 데이터나 텍스트 등
의 문헌정보로부터 사용자가 관심을 가지는 정보를 찾아내는 프로세스
를 의미. 내부에서 구축된 DB와 신뢰성이 높은 전문가의 문헌정보로부
터 핵심 키워드에 해당하는 정보 추출이 가능함.

28. Trend Impact Analysis(트렌드 영향분석 기법): 과거 시계열
정보를 근간으로 추세분석과 동인 분석을 통해 미래를 예측하는 방법
과거의 정보에 기안하기 때문에 미래에 일어날 변화를 적절히 적용하
기 어려움.

29. TRIZ(트리즈): 주어진 문제에 대하여 가장 이상적인 결과를 정의하
고, 그 결과를 얻는 데 관건이 되는 모순을 찾아내어 그 모순을 극복할
수 있는 해결안을 얻을 수 있도록 생각하는 40가지 방법에 대한 이론.

30. SWOT(스와트): 기업의 환경분석을 통해 강점(Strength)과 약점
(Weakness), 기회(Opportunity)와 위협(Threat) 요인을 규정하고 이를 토
대로 마케팅 전략을 수립하는 기법.

31. Stakeholder analysis(이해관계자 분석): 프로젝트 이해 관계자

들을 선정하고 현재 추진하고자 하는 프로젝트에 대한 그들의 반응을 분석하는 것이다. 이는 이해 관계자들의 태도와 반응에 따른 커뮤니케이션을 계획하고 그들의 호응을 이끌어내는 것이 목적.

32. Visioning(비저닝): 미래계획을 준비하는 방법. 구체적인 인생의 비전을 기록하고, 그 비전을 가지고 성공한 사람의 인생과정을 벤치마킹하며, 주변과 끊임없이 커뮤니케이션을 해 결국 비전의 목표에 이르는 미래 구현 방법.

33. Wild card(와일드 카드): 정상적으로는 일어날 수 없거나 일어나기 어려운 사건이지만, 현실로 나타났을 때 큰 영향을 미치는 일들을 뜻함. 2015년에 발생한 우리나라의 메르스 사태, 미국의 911테러 등이 대표적 사례.

34. Emerging Issue Analysis(이머징 이슈 분석): 미래예측에 가장 기본이 되는 방법론 중 하나. 현재의 여러 문제와 갈등이 과거 어느 시점에는 존재하지 않았다는 가정하에서 출발. 아직 전면에 드러나지 않고 있으나 새로운 강력한 트렌드로 부상할 수 있는 잠재력을 가진 이슈에 대한 분석방법.

35. SOFI(State of the Futures Index, 국가미래지수 기법): 미래

변화를 정량화하여 시계열상으로 보여주기 위해 고안된 지수로 다양한 분야의 영향요인들을 파악하고 미래와 관련하여 선정된 각 지표를 종합하여 단일 지수화한 것. 지난 20년간의 데이터에 기반 해 10년 후의 미래를 측정하고, 윤리, 자연, 안전, 보건, 지식 자원의 6개 분야로 나뉘어 29개 지표로 구성돼 2001년부터 매년 발표.

우리가 미래를 예측하고 도출할 때는 근거가 필요한데 이들 이론이 근거를 만들어 주는 데 큰 역할을 한다.

새롭게 콘텐츠를 만들거나 유행을 생성할 때 이것이 바탕이 돼 사용돼 왔다. 불확실한 현실에서 미래를 예측하고 리스크를 해결하는 게 무엇보다 중요한 상황에서 다가올 세상을 미리 가늠할 수 있는 것이다. 이렇게 도출된 미래를 현재로 구현하기 위해 기술적으로 노력하는 것 또한 이 기반 위에 만들어지고 있으니 35가지의 이론을 적절한 곳에 사용하는 게 능력이 될 수 있다.

미국의 자동차 회사 포드에는 퓨처리스트(Futurist)라는 직무가 생겼는데 퓨처리스트는 미래 소비자의 변화와 새로운 서비스의 등장을 예측하는 보고서를 만들어 미래전략에 반영하는 임무를 수행하는 부서다. 미래 변화에 따라 현재는 성공하고 있는 비즈니스모델도 빠른 시간에 쇠퇴할 수 있기 때문이다. 이제 미래전략 연구는 기업 차원에서도 중요한 역할로 자리 잡을 것이다.

독서로 몸값을 높이자

인생의 가장 중요한 목적이 있다면 자신이 원하는 모습으로 다시 태어나는 것이 아닐까. 생물학적인 출생 말고 자신의 의지로 자신이 원하는 방향으로 새로 태어나도록 하는 것 말이다. 내가 가진 능력을 계발하고 나의 창조력을 향상하면서 인생을 계획한다면 더할 나위 없이 스스로에게 자신감이 생기고 만족하는 인생을 살 수 있을 것이다.

신입사원도 자신의 몸값을 높이기 위해서는 다른 사람과 경쟁하는 것에 집중하는 것보다 기업의 비전과 자신의 인생 계획에 균형을 맞추도록 해 자기 자신을 뛰어넘는 시간을 가진다면 자연스럽게 몸값이 높아질 것이다.

자기 자신을 뛰어넘기 위해 반드시 해야 할 것이 바로 '독서'다. 서로 다른 여러 가지 배움은 지혜와 통찰력의 근원이 되기에 독서를 통해 평생 교육을 실현하고 간접 경험과 정보를 얻을 수 있도록 노력해야 한다.

제아무리 디지털 시대라고 해도 독서의 가치는 계속 높아지고 있다. 책만큼 통찰력 있게 사고력을 키워주는 도구도 없기에 우리는 책을 읽는 것에 더 집중해야 한다. 어느 시대든 성공한 사람들은 손에서 책을 놓지 않았던 사람들이었다.

자극적인 콘텐츠가 범람하는 상황에서 집중력을 10초 이상 유지하기가 힘들다. 정보에 민감한 현대인에게는 독서의 질 저하를 가져올 수밖에 없다. 이런 상황에서 어떤 독서법이 효과적일까? 제4차 산업혁명 시대를 여는 미래 인재들의 독서법을 살펴보자.

책에 미친 인생을 살고 있는 사람들을 두고 '책광인생(冊狂人生)'이라고 하는데 워런 버핏, 엘론 머스크, 빌 게이츠, 오프라 윈프리, 마윈 등이 그들이다. 책을 많이 읽은 사람들은 어느 순간 책을 읽는 임계점을 넘을 때 새로운 두뇌 변화를 경험할 수 있다고 한다. 이를 두고 말콤 글래드웰은 『아웃라이어』(김영사, 2009년)에서 학습을 통해 임계점을 넘었을 때 나타날 수 있는 현상들을 '1만 시간의 법칙'으로 서술하기도 했다.

실제로 국내에서도 책을 많이 읽으면서 변화된 인생을 책으

초인재

로 엮은 저자가 많은데 책을 통해 다져진 지혜와 통찰력으로 자신만의 생각을 글로써 표현할 능력이 자연스럽게 생기니 독서는 사람을 다시 태어나게 하고 몸값을 높일 수 있도록 하는데 가장 기본이 되는 수단이다.

독서는 언제나 우리에게 용기를 주고, 인간다운 생각을 갖도록 도와준다. 사람이 인공지능과 다른 점이 있다면 스스로 사고하고 결정할 수 있는 힘인데 우리는 인공지능과 차별화하고 존엄한 가치를 이어나가기 위해서라도 독서를 바탕으로 생각하는 힘을 길러야 한다.

제4차 사업혁명 시대에서 가장 중요하게 여겨지는 것이 융합과 공유경제인데 산업과 지식 전반의 경계를 없애고 활발한 교류를 이루게 하려면 다른 분야에 대해서도 지식과 교양을 쌓는 게 중요하다. 지식을 외우는 것보다는 연결과 융합할 수 있도록 새로운 가치와 관점을 만들어내야 한다. 이를 위해 우리는 독서를 하는 것에 소홀함이 없어야 한다.

서로 다른 분야의 요소들이 결합할 때 각 요소가 갖는 에너지의 합보다 더 큰 에너지를 분출하게 되는 효과를 '메디치 효과'라고 한다.

메디치 효과는 서로 다른 분야의 전문가가 함께 소통할 수 있도록 지원을 아끼지 않았던 메디치 가문의 전통에서 유래했는데 르네상스 시대를 이끌었던 원동력이 되었다. 14세기부터 17

세기까지 이탈리아 피렌체에서 강력한 영향력이 있었던 메디치 가문은 학문과 예술에 대한 후원을 아끼지 않았는데 이로써 이탈리아 문화, 예술 발전의 상당 부분을 발전하는 데 일조했다. 메디치 가문에 의해 모인 예술가, 철학자, 과학자들은 각자 전문 분야의 벽을 허물고 서로의 재능을 융합하여 큰 시너지를 낸 것이 유효했다. 이탈리아는 레오나르도 다빈치, 미켈란젤로, 단테와 같은 세계적인 예술가를 배출했다.

생각에 대한 유연성과 다른 것을 받아들이는 개방성, 이를 활용하게 하는 실용성과 창의성이 새로운 시대로의 견인차를 마련했다.

우리는 인간의 고유 능력이자 특권인 배움의 길을 독서를 통해 실현하면서 인문학과 사회과학, 자연과학에 융합적 사고를 일으키는 안목을 가져야 몸값을 높일 수가 있다.

독서를 효과적으로 하는 방법은 눈과 귀로 함께 책 읽는 방법이다. 디지털 기기들이 발달되면서 오디오북이나 영상으로도 책을 읽을 수 있도록 많은 콘텐츠가 나와 있는데 이는 미래형 독서법으로 디지털 독서법을 잘 활용하면 독서를 하는데 효율적이다. 귀로 듣는 책읽기는 소리를 통해 사람들의 듣는 수준까지 높여주니 언어의 감각도 살릴 수 있고, 낭독문화도 함께 확산시킬 수 있다.

독서를 한 후 디지털 노트 등을 통해 나만의 것으로 잘 정리하는 것도 중요하다. 사실을 기록하는 것은 인공지능이 더 잘할 수 있는 요소인 만큼 기록에 주관을 부여하는 습관을 갖춰야 한다. 자신만의 감정적 묘사와 지식과 경험, 독특한 관점 등을 함께 기록하며 기록의 차별화를 둬야 한다.

디지털 노트들을 잘 모아둬 빨리 정보를 찾고 응용하고 검색할 수 있도록 시스템을 갖춰 놓아야 한다. 이제는 정보를 알고 있는 게 중요한 시대가 아니라 정보를 찾고 적절히 활용하는 능력이 중요한 만큼 디지털 독서를 한 후 디지털 노트를 활용해 정리하는 게 초인재의 새로운 독서법과 기록법이다.

이제는 세계인이 한 울타리 안에서 세계 문제를 함께 해결해야 하는 시대다. 그 세계인은 우리의 동료다. 지구 온난화 문제, 무역 분쟁, 종교 문제, 기술 문제 등을 여러 국가의 인재가 모여 대안의 합의를 이뤄야 한다. 조정하고 통합하는 리더십이 중요하다.

다른 사람과의 경쟁이 아니라 함께 협업해야 성공할 수 있는 세상이다. 나와의 싸움에서 이기고 나를 다시 태어나게 하는 디지털 독서법과 디지털 노트 기록을 통해 자신의 몸값을 높이고, 어제의 나와의 싸움에 이기길 바란다. 오늘의 나는 놀라운 잠재력으로 어제의 나보다는 더 갖춰진 사람이기에 계속해서 자신을 다듬기를 바란다.

비즈니스에 예술의 깊이를 심어보자

'사업 잘하는 사람이 최고의 예술가'라고 생각하는 사람이 있었다. 그는 바로 미국 팝아트의 선구자. 앤디 워홀이다. '팝의 교황', '팝의 디바'로 불리며 대중미술과 순수미술의 경계를 무너뜨렸다. 미술뿐만 아니라 영화, 광고, 디자인 등 시각예술 전반에서 혁명적인 변화를 주도했는데 그런 그가 가장 중요하게 생각한 것이 바로 '돈'이었다.

작품에는 1달러의 모형을 가득 그린 그림도 있는데 어느 날 한 친구가 '네가 가장 사랑하는 것이 무엇이야?' 하는 질문에 '돈'이라는 대답이 자연스럽게 나오자 자신이 가장 사랑하는 돈을 중심으로 그림으로 그렸다는 것이다.

워홀은 '돈이 예술이다'라는 생각으로 자신의 작업실을 공장으로, 자신을 공장장으로 규정해 대량작업 시스템을 도입했다. '돈을 버는 것도 예술이며, 사업 잘하는 것은 최고의 예술이다'라는 명언을 남기며 상업미술가로 큰 성공을 거두게 되었다.

워홀과 같이 돈이 예술이라 생각하는 화가로는 미켈란젤로, 피카소, 데미안 허스트 등이 있는데 그들은 당대 최고의 예술가들이었다.

미켈란젤로는 '돈은 내가 이룬 많은 업적의 동기다', 피카소는 '예술은 비즈니스고 무한한 돈의 흐름이다', 데미안 허스트는 '예술은 삶에 대한 것, 삶은 돈을 위한 것'이라면서 예술의 가치가 돈의 가치로 마땅히 환산돼야 한다고 생각했다.

이처럼 예술도 많은 사람에게 영감을 주고 잘 쓰일 때 가치가 높아지는데 자본주의 사회에서 사업과 예술은 동일한 메커니즘이다. 아이디어와 생각이 예술이 되는 관점과 같은 것이다.

예술도 아이디어에서 시작해 공장에서 만들어지기에 생각이 예술이 될 수 있고 삶도 예술이 될 수 있는 것이다. 따라서 같은 시스템으로 일하는 예술가와 기업가의 기질은 비슷한 측면이 있다. 예술가가 영감을 얻어 작품 활동에 돌입할 때 잠을 자지 않아도 졸리지 않고, 빠른 사고와 행동으로 여러 가지 일을 동시에 해낸다. 기업가들도 여러 위험을 감수할 준비가 되어 있는 만큼 문어발식으로 여러 사업과 프로젝트들을 일궈내 동시에 진행하는데 이들의 공통점은 바로 '일중독'이라 할 수 있다.

피카소도 생애 수만 점의 작품을 그렸는데 죽기 3년 전부터는 매일 그림을 그리거나 2~3일에 한 점씩 그림을 그렸다고 하니 이 얼마나 작품에 빠져 있었는지 알 수 있다.

이렇듯 우리는 아이디어와 생각이 예술로 표현될 수 있도록 언제나 예술가와 사업가의 마인드로 시스템을 만들어야 한다. 목표에 대한 명확한 기준을 세우고 집중해야 가능하다.

기업가와 예술가처럼 자신을 성과를 내는 사람이라고 생각해 혼자 일을 다 하려고 하거나, 자신의 일에만 빠져 단기적인 성과에만 초점을 두지 말고, 폭넓은 시야에서 회사 전체의 관점에서 일을 수행해야 한다.

그 균형을 맞추기 위해 균형자 역할을 해줄 사람이 필요하다. 자신의 관점을 다른 사람들이 보완할 수 있도록 하는 것인데 자신에게 순응하지 않는 인재들을 찾아서 옆에 두는 게 효과적이다. 판단의 리스크를 줄일 수 있는 가장 중요한 방법이다.

결정은 기업가나 예술가들이 해야 하지만 판단 오류로 인한 위험을 줄이기 위한 장치는 필요한 것이다. 그리고 결과에 대해서는 책임을 지면되는 것이다. 이게 바로 실리콘밸리의 CEO들의 숙명이기도 하다.

초인재도 성과를 내기 위해 개개인이 일을 하면서 예술가와 CEO의 역할을 두루 해야 하는 만큼 새로운 시각이나 관점을 체크하기 위한 전문가 그룹을 개인적으로 구성할 필요가 있다. 이들은 같은 동종 업계의 동료가 될 수 있고, 다른 업계지만 조직 내에서 비슷한 일을 하는 선후배가 될 수 있다.

예술가나 기업가는 혼자 여러 가지의 일을 해야 하는 사람들인데 캐나다 맥길 경영대학원 헨리 민츠버그 교수는 수장의 역할 10가지에 대해 '의사결정자, 정보확산자, 협상가, 대변인, 자원배분자, 최선두주자, 창업가, 리더, 모니터, 연결자'로 설명하고 있다. 이 모든 역할을 동시에 하기 위해 자신만의 기질을 갖추는 것도 중요하지만 주변의 도움을 통해 리스크를 줄여나가는 것이 반드시 필요하다.

생각과 아이디어가 예술로 표현돼 하나의 콘텐츠로 우리 곁에 사용될 수 있는 것처럼 우리는 계속해서 비즈니스를 예술로 만들기 위해 사람을 활용하고 아이디어를 끊임없이 생산에 적용하는 게 필요하다.

5장

신입사원에서
롤모델 선배로

제품에서 시작하는 마케팅 노하우

회사에서 제품을 출시한다고 하면 신입사원들은 말단 실무자이기 때문에 기획부터 상품 출시까지 모든 과정을 숙지해야 한다. 신입사원은 각 단계의 일을 모두 거쳐 상품을 탄생시키기까지 가장 많은 수고를 해야 하는 사람이다. 그리고 일을 진행하면서 어떤 프로세스로 어떻게 돌아가는지도 충분히 경험해야 한다.

제품에 콘셉트를 입혀 소비자의 기호에 맞는 상품을 개발하고 눈에 잘 띄도록 홍보하고 수익이 발생할 수 있도록 판매를 촉진하는 과정을 마케팅이라고 한다. 마케팅은 브랜드 철학에서 시작해 상품의 기획, 제작, 홍보 및 프로모션, 영업 및 관리에 이르는 전 과정을 관통하는 일관된 콘셉트 아래서 진행된다.

마케팅은 분야가 방대하고 방법도 각양각색이다. 어떤 부문에 초점을 두고 마케팅을 해야 하는지 전략을 세우는 일은 상품 출시만큼이나 중요한 단계다.

마케팅의 영역 중에서 신입사원이 가장 자주 접하는 것이, 홍보와 판촉 즉 상품 프로모션이다. 마케팅의 많은 부분이 이 영역에 집중되어 있다 보니 마케팅을 홍보와 판촉으로 좁혀서 말하기도 한다. 여기서도 협의의 의미로 마케팅의 노하우를 살펴보기로 한다.

마케팅에서 가장 중요한 것은 제품이다. 제품의 아이덴티티와 탄생 스토리를 잘 만들어서 마케팅으로 활용해야 하기 때문이다. 제품이 처음 기획될 단계부터 마케팅도 함께 구상돼야 한다.

요즘은 매출 규모 상위 20%의 대형 구매보다 하위 80%의 소량 구매가 더 중요해졌다. 그야말로 롱테일 경제 시대라 할 수 있다. 소비자의 기호에 맞도록 제품을 맞춤형으로 제작해야 하는 시대다.

마케팅은 시대에 따라 변하기 때문에 사회 변화와 트렌드에 민감해야 한다. 요즘은 뉴스와 광고의 경계를 넘나들며 제품을 알리는 마케팅도 많이 구사되고 있다. 제4차 산업혁명 시대에는 책『마케팅하지 않는 마케터』(이무신, 라온북, 2018년)같은 책들이 더 가치가 있다. 수많은 마케터들이 수십 년 동안 근무하며 느낀 것은 마케팅 같지 않도록 제품을 포장해 사람들에게 제품을 알리는 것이다.

마케팅에서 가장 효과적인 것은 입소문이다. 제품에 대한 개성과 매력 포인트를 소비자에게 정확하게 전달하면 된다. 그러려면 '이 제품이 어디에 좋다'라는 인식을 심어주는 게 중요하다. 소비자의 그 '좋다'라는 인식도 시대의 흐름에 따라 다른데 미래를 내다보고 제품을 만드는 것이 중요하다. 어찌 보면 좋은 제품이 잘 팔리는 게 아니라 팔리는 제품이 좋은 제품이라고 여겨진다.

요즘 내가 눈여겨보는 마케팅은 유튜브에서 키즈 플레이어로 '캐리의 장난감 친구들', '유라야 놀자'같은 설명 위주로 장난감을 개봉해 사용법을 알려주는 '언박싱(Unboxing)' 마케팅 방식이다.

언박싱은 그동안 키즈 콘텐츠 채널들이 즐겨 사용하던 방식인데 단순 언박싱에 그치지 않고 교육적 요소를 얹어 부모들이 믿고 아이들에게 보여줄 수 있는 채널로까지 변모했다. 직접 뜯고 제품을 만들어 보고 활용해 봄으로써 이 제품이 어떨 때 사용하면 좋을지 알려주는 마케팅 방법이다. 제품이 넘쳐나는 시대에 제품에 대한 설명과 활용을 알려주는 콘텐츠다.

이런 프로그램은 한번 만들게 되면 각종 사이트에 노출이 쉽고 시공간을 넘어 전 세계로까지 알려지기 때문에 큰 비용 없이 제품을 알릴 수 있는 장점이 있다.

또 3D 컴퓨터의 등장으로 이제는 설계도만 있으면 제품을 집에서도 만들 수 있는 시대이기 때문에 언박싱의 마케팅 방법은 앞으로도 큰 효과를 가져 올 것이다.

레고의 경우, 제품 사이트에 들어가 설계도를 구매하고 집에 있는 3D 컴퓨터로 인쇄를 하면 레고가 만들어지는 시스템을 도입했다. 물건을 사러가지도 않고, 유통비용도 없이 설계도 값만 지불하면 레고를 구매할 수 있도록 한 소비방식이다.

이런 시대를 살고 있는 소비자들에게 제품에 대한 마케팅이라면 제품을 알리는 것보다 제품을 언제, 왜, 써야 하는지, 어디에 효과가 있는지 그 의미를 설명하는 데 주력하는 게 필요하다. 제품이 생활필수품이라면 더욱이 이런 마케팅 과정을 통해 사람들의 인식개선과 제품을 선택하도록 하는 방법이 필요할 것이다.

신입사원 시절에는 한 번도 해보지 않았던 마케팅을 해 보라는 지시가 심심찮게 내려온다. 회사에서 의도적으로 신입사원이 초인재로 성장하게끔 훈련을 시키는 것이다. 그 성과가 좋으면 회사 차원에서도 좋지만 꼭 그렇지 않더라도 신입사원에게 조금 무리가 가더라도 강한 과제를 던지는 것이다.

실패를 두려워하지 말고 당당하게 배우는 자세로 접근해 보

자. 사실 크게 어려운 일은 아니다. 처음 하는 일이라서 낯설 뿐이다. 그동안 학교에서 가정에서 나의 일상에서 다 경험한 부분에 전문적인 스킬이 부여된 수준이다. 자신감을 잃지 말자.

TV광고, 잡지광고, 신문광고, 옥외광고 기본매체와 함께 블로그, 소셜미디어, 홈페이지 등 디지털 기반의 매체를 동시에 고려해 최적의 마케팅 방법을 도출하고 활용하면 된다. 그리고 제품에 있어서 전문가는 실무자인 우리다. 수십 년간 일해 왔던 마케터가 아니기 때문에 실무자가 직접 마케팅을 하는 것이 더 효과적이다. 우리가 학교에서 매번 해왔던 과제를 수행하듯이 마케팅을 잘하기 위해서는 책도 보고, 선배들에게 물어보고, 어떤 마케팅이 있는지 찾아보고 적용해보는 방법이 최선이다.

마케팅을 실행하면서 새로운 사람을 만나게 되고, 어느 정도 소비자에게 노출이 되는 임계점을 넘어서면 자연스럽게 홍보가 된다. 그 시점까지 우리는 할 수 있는 모든 것을 하나씩 해내면 된다. 결국 마케팅이라는 것은 안목 있는 한 두 사람의 아이디어로 만들어지니 말이다.

성공 기획서, 완벽 보고서 작성법

직장 생활을 하다 보면 보고서와 기획서는 필수다. 피하거나 돌아갈 방법이 없다. 직급이 높아져 책임을 맡게 될수록 기획서의 압박은 강도를 더해간다.

직장인 야근의 대부분은 문서 작성을 위한 야근. 더욱이 승진을 앞두고 있는 직원이라면 그동안 써왔던 보고서와 기획서가 어느 정도인지 가늠하면서 회사에 대한 기여도가 어느 정도였는지 점치기도 한다. 문서를 잘 만드는 것은 글쓰기를 잘하는 것을 의미하지 않는다. 기획서라면 누군가를 설득하기 위한 논리 구조가 오히려 더 중요하고, 보고서라면 보고의 목적에 맞게 내용이 충실하면 된다.

문서 작성에서 가장 중요한 건, 이 문서를 누가, 왜 보느냐이다. 작성자로서는 이 문서에 대한 방향성이 명확해야 한다는 말이다. 그리고 하나의 기획서에는 하나의 포인트, 하나의 결론임을 명심해야 한다. 결국 이는 모든 문서는 한 장으로 요약이 가능하다는 말이다. 그 문서가 필요한 궁극적인 이유가 담긴 한 장의 기획서와 보고서. 현장에서 원하는 건 그것 한 장이다. 나머지는 그 결론을 보충하는 과정이 담긴 문서다. 백-데이터를 분석하고 해석하여 정리한 내용이 설득력 있는 구성으로 전개된 문서다. 한 장의 보고서를 위한 수백 장의 백-데이터는 작성자의 논리를 보강해 준다.

기획서와 보고서를 받는 상사 입장에서는 한 장에 담긴 내용을 판단해 백-데이터를 볼 것인지 말 것인지 판가름하게 된다. 구미가 당긴 내용이라면 문서의 타당성을 검토하기 위해 본 문서를 들춰보게 될 것이다.

상사가 문서를 들춰보게 될 때 중요한 포인트는 구성이다. 설득력 있는 논리 전개를 위해 문서를 구성하는데, 여기에 구구절절 내용을 설명하면 논리 전개가 한 눈에 들어오질 않게 된다. 기획서나 보고서가 잘 읽힐 수 있도록 콘셉트를 세울 필요가 있다.

기획서의 포인트는 메모지 한 장으로 정리될 수 있기 때문에 명확하게 계획이 잡혀 있다면 나머지 형식과 글을 채우는 것은 그동안 회사에서 진행해왔던 우수한 기획서를 벤치마킹하는 것도 좋다. 이는 사내 인트라넷이나 선배로부터 어렵지 않게 확보할 수 있다.

보고서와 기획서를 작성할 때, 미리 상사와 구두로 상의하고 머리를 맞대는 과정이 꼭 필요하다. 회사는 혼자서 멋대로 돌아가는 곳이 아닐뿐더러, 아이디어 하나로 움직이는 곳이 아니기 때문이다.

나카노 아키오는 『기획서 잘 쓰는 법』(21세기북스, 2003년)에서 직장인이 기획서를 잘 쓰지 못하는 가장 큰 이유에 대해 이렇게 말했다.

"잡다한 아이디어를 기획이라고 착각하여 무작정 써 내려가는 게 문제다"

기획서 쓰는 게 어려운 이유는 체계가 잡혀 있지 않고, 빈 페이퍼에 무작정 쓰려고 하는 생각 때문이다. 모아둔 자료를 통해 사업 목적에 맞는 부분을 추려내고 4가지 정도의 기획서 형식을 참고하고, 이를 효과적으로 표현할 콘셉트를 설정하고 나서 사업 내역을 써 내려간다면 새로운 사업기획서를 만들 수 있다. 버릴 항목은 버리고 새로 넣을 항목은 새롭게 넣으면서 말이다.

기획서라는 것이 원래 표준형식이 아니기 때문에 받아 보는 사람들이 핵심이 무엇인지, 그리고 설득력을 가지고 있는지 잘 파악할 수 있도록 하는 게 중요하다.

진정한 기획자의 기획서는 한 장이면 충분하다. 잘 쓴 한 장의 기획서는 일을 잘 실행시킬 수 있도록 하며 일을 완벽하게 해낼 때까지 버틸 수 있는 힘을 주기 마련이다.

한 장의 기획서가 프로젝트를 마무리할 때까지 방향을 잡아 주고 목표를 이룰 수 있도록 길잡이가 될 것이다. 명확한 기획서가 단순하게 일을 처리하게 만들어 프로젝트 성공으로 이끌 것이다.

영업 성공의 법칙

'상사(商社)의 꽃은 영업이다'라는 말이 있다. 요즘은 서비스도 상품이라 '회사의 꽃은 영업이다'라고 말할 수 있을 것이다.

영업사원은 제품의 기획과 함께 판매 이후의 일까지 책임지며 상품의 생산과 물류, 재고 처리까지 모든 과정을 알아야 하는 사람이다. 현장에서 대외 협력의 업무를 맡고 있으니 영업사원들은 회사의 얼굴이기도 하다.

영업하는 사람들은 세일즈맨, 마케터, 광고인, 리크루터, 기부금 모집인 같은 사람들이다. 이들을 자세히 살펴보면 기업에서 원하는 영업인의 모습 외에도 자신의 생존을 위해 각각의 설득 능력을 갖추고 있다.

초인재

영업하는 사람들은 능동적이며 스스로 자신이 하는 일에 대한 목적과 방법에 대해 깊게 생각하는 훈련을 반복하는 사람들이다. 따라서 판매해야 할 제품이 달라지더라도 똑같은 프로세스를 갖춰 완전 무장한다. 상품이 달라져도 소비자의 기호를 읽어내며 결국엔 성공한다. 이들은 시키는 일을 잘하는 사람이 아니라 자기 일을 스스로 꾸려가는 사람이다. 영업을 잘해 주요 요직까지 승승장구 한 사람들을 만나보면 그 비결에 대해 '하나같이 앞만 보고 달려왔다'고 말한다. 그렇게 간절했고, 제품에 대해 빠져있으니 상대방도 감동하였다.

이런 영업의 경험이 고위직으로 승진할 수 있는 원동력이 된다. 영업 리더들은 사원을 교육할 때 자신만의 설득 방법을 알려 주거나 정신을 무장할 수 있는 긍정의 메시지로 사원들을 사로잡는다. 지금 우리가 하는 일이 돈을 벌려고 하는 일이 아니라 소비자를 위해 꼭 도움을 주고, 소비자에게 필요한 일이라는 것을 각인시켜주는 것이다.

미국 애리조나 주립대 심리학과 교수인 로버트 치알디니는 『설득의 심리학』(21세기북스, 2002년)을 통해 센세이션을 일으켰다. 저자는 처음 보는 이성에게 말을 걸 때 말의 내용만큼 중요한 것이 장소와 맥락이라고 설명한다.

남성이 처음 보는 여성에게 말을 걸었을 때 은행, 빵가게, 옷가게 앞에서 시도했을 때보다 꽃가게 앞에서 시도했을 때 전화번호를 받을 확률이 훨씬 높다는 것이다. 꽃은 로맨스를 연상시키기 때문에 단지 꽃가게 앞을 지나는 것만으로도 여성의 머릿속에는 전화번호를 타인에게 넘길 때 생기는 걱정보다 혹시나 모를 로맨스에 대한 기대감이 커진다는 것이다.

'설득의 심리학'에는 6가지 법칙이 제시돼 있다. '상호성의 원칙'은 사람은 받은 만큼 돌려주려는 본성이 있음을 말한다. 공짜 화장품 샘플을 나눠주면 구매율이 올라가고, 꽃이나 배지를 나눠주면 자선단체 모금이 쉬워진다는 것이다. 영업의 중요한 코드다.

사람의 행동 양식은 대체로 자신의 꿈에 맞춰 나간다. CEO의 꿈을 갖고 있으면 다른 사람들보다 더 간절하게 회사생활을 할 수 있다. 영업을 잘하는 사람을 잘 보면 그런 열정을 발견할 수 있다. 이런 역량을 갖추기 위해서는 회사의 비전과 나의 비전을 일치시켜야 한다. 회사의 비전 수행을 위해서만 영업을 한다면 각종 장애물에 일이 금세 싫증나게 되고 어려워진다. 모든 회사는 영리를 우선으로 하고, 무언가를 팔아야만 이익이 남기 때문에 영업사원은 회사의 비전에 발맞춰 제품을 팔아야 한다. 당연히 감정노동이 큰 사람들이다. 자신의 감정을 오로지 일에서만 소비하지 않도록 영업을 하는 일이 자신의 비전을 수행하는 것과 같은 것으로 인식해 일 한다면 성취감을 느낄 수 있다.

기업은 언제나 직원들에게 능동적으로 일하라면서 회사의 미래전략까지 세우라고 한다. 이왕이면 영업 마인드를 갖고 전투적으로 일하기를 바란다. 이는 곧 회사의 매출에까지 도움이 되기 때문이다. 매년 신년이 되면 기술팀, 생산팀, 인사팀, 행정팀, 마케팅팀 가릴 것 없이 한 단계 업그레이드된 업무 계획을 세우고, 1년 동안 실행하도록 하는 것만 보아도 회사는 전사가 얼마나 영업적인 마인드로 무장하기를 바라는지 알 수 있다.

　기업의 매출 증가는 기업의 생존과도 같기 때문에 영업 마인드를 갖춘 직원은 고위직으로 승진할 가능성이 높다. 어느 부서에 놓아도 능동적인 업무 스타일로 부서를 한 단계 업그레이드하기 때문이다. 영업사원 출신이 승진을 빨리하거나 연봉을 많이 받는다. 신입사원으로서 빠른 승진과 높은 연봉을 원한다면 의도적으로 영업부서를 지원하기 바란다. 영업부서에서 영업을 잘하는 선배의 모습을 배울 수도 있고, 회사의 전략계획 등도 빨리 알 수 있을 것이다.

　영업사원은 다양한 방법으로 소비자들의 구매 동기를 자극하고 설득해야 하기 때문에 시대의 흐름을 읽고, 미래를 예측하는 것을 몸에 익혀야 한다. 영업부서는 그런 면에서 다른 부서보다 빨리 정보를 획득할 수 있는 곳이다. 또한 영업부서는 현장에서 필요한 부분을 파악해 회사에 조치할 것을 알리면 회사는 새로운 프로젝트를 만들어서 문제 해결에 나선다. 영업부서는 사내

전 부서와의 소통이 필요하며 협업하는 것에도 능숙해야 한다.

우리는 맛있는 음식을 먹고 난 후에 가족이나 친구에게 한번 가보라고 권하든지 다시 한번 그곳에 방문한다. 그조차도 삶에서 이뤄지는 영업인데 본인이 회사를 다니면서 회사의 제품을 신뢰하지 않고 영업활동을 한다면 일이 힘들어질 수 있다.

자신과 함께 회사의 가치를 높게 평가하고, 회사의 제품을 사용하며 사람들에게 이야기하는 영업사원에게만 느껴지는 열정적인 아름다움. 그것을 꼭 느껴보길 바란다.

질문의 힘, 살아있는 공부

대학원 시절, 하버드 대학교를 찾았다. 전 세계 유수의 천재들이 모인 곳이라는 대학교가 어떻게 교육하고 있는지 궁금했다. 내가 그동안 받아온 공교육과 지구 반대편에서 또래의 친구들이 받고 있는 교육의 분석이 필요했다.

하버드에서는 각국의 지역 현황과 문제에 대해 매일 토론이 이뤄지고 있었으며 정확한 문제점을 짚기 위해 현직에 있는 장관을 비롯한 유명인사들이 토론장에 직접 찾아와 토론자로 참여하고 있었다. 더욱이 학생과 마을 주민, 각 전문가와 함께 국제사회 문제에 대한 새로운 대안을 찾기 위해 치열하게 논의하고 있었다. 대학교 내에서 말이다.

이런 세미나가 열리면 일주일 전부터 학교 내는 물론이요, 학교 밖 동네에도 포스터를 게재해 많은 사람이 참여할 수 있도록 했다. 그리고 그들은 적극적으로 질문했다.

하버드 학생들은 서로 모여 각종 문제에 의견을 나누는 걸 즐겼다. 그들에게 공부는 새로움이고 현재와 직결된 문제였으며, 넘어서야 할 학문이었다. 고전을 통해 현시대의 살아있는 문제를 발견하고 이론으로 재정립하는 학문을 하고 있었다. 세계의 문제점을 해결하기 위한 방안을 찾았던 것이고, 이를 이론과 실천적 행동으로 연결하고자 했다.

현재 세상에서 일어나고 있는 문제에 대해 궁금증과 질문이 없다면 학생이라고 하기에도 어렵지 않은가. 그들은 그렇게 질문이 가득했다. 학문은 질문에 답을 찾아가기 위한 하나의 방법이었고 말이다.

그러고 보니 세계무대에서 활약하는 엘리트들은 그들만의 특성이 있었다. 주변 친구, 동료들과 함께 문제를 해결하고자 했던 것이다. 이렇게 문제를 해결하기 위해 학창시절부터 노력하고 경험한 사람과 그렇지 못한 사람의 인지적 차이는 매우 크다. 교내 학보사에서 학생 기자로 활동만 해도, 사회를 보는 눈이 금세 달라지는데 하버드 학생들은 관찰자시점에서 기록하는 리포터가 아니라, 적극적으로 문제를 해결하는 혁명가이자 사회의 리더로 자리매김하고 있었다.

하버드를 다녀온 후 박사 과정은 이곳에서 하면 좋겠다는 생각이 들었다. 자유롭게 내가 느낀 사회의 문제점을 세계적인 석학들과 함께 의견을 나누며 문제를 해결하는 모습을 그려보았다.

빌 게이츠도 '누군가는 이를 기회, 책임이라 하지만 우리는 특권이라 생각한다'고 말하며 자신의 일은 의무라고 이야기했고, 마크 주커버그도 '너를 사랑해서이기도 하지만 다음 세대 모든 어린이를 위한 도덕적 의무이기도 하다'며 천문학적인 금액을 기부했다.

그렇게 모두 각자의 소명에 따라 자신의 일을 하고 있는 것이다. 내가 그동안 해결하려고 노력했던 사회 문제를 조금이나마 해결하기 위해 노력해야 한다면, 기자로서 역할을 충실히 수행하는 것과 각종 문제를 원활하게 해결하는 제도를 마련하기 위해 일정 역할을 하는 것이다.

세계 최고의 인재들은 답은 한 가지가 아님을 알고 있으며, 이론과 기본 틀을 자신의 것으로 만들 것, 대화 능력을 갈고닦아 전 세계인의 마음을 얻어 문제를 해결하고 '터닝 포인트'를 향해 함께 나아갈 수 있도록 행동하는 사람이었다.

퇴사도 잘해야 한다

통계에 따르면 대졸 신입사원 중 27.7%가 입사 1년 안에 퇴사한다고 한다. 4명 중 1명 이상이 1년을 못 버티고 그만둔다는 이야기다.

직장인들은 늘 가슴에 사직서를 품고 산다. 상사 앞에 사직서를 던지고 싶은 충동을 느껴봤을 것이다. 조직 안에서는 매번 사건이 생기고, 부당한 일도 계속됐기 때문이다. 그런데 어쩌면 직장 생활은 조직 내 리스크를 해결하기 위해 다니는 것이 아닐까? 이 시기를 참고 넘기면 새로운 기회가 생기지만 그 시기를 참으라고 하기에는 각각 사연이 다르다.

심지어 세계적인 그룹 삼성에 입사하고도 많은 직원이 퇴사의 충동을 느낀다고 한다. 이것은 비단 신입사원뿐만 아니라 팀장급에서도 나타나는 현상이다. 직장인들 누구나 어려움이 생겼을 때 퇴사를 생각한다.

삼성그룹 인사부서에서 일했던 조영환 팀장은 20년간 일하며 2천여 명의 사직서를 처리했다. 이직 사유에 대해 면담했더니 그 이유는 다양했다.

주로 나오는 사유는 학업을 계속하기 위해, 사업을 이어받기 위해, 자영업을 시작하려고, 적성에 맞지 않아서, 다른 직업을 구해보려고 등. 하지만 이 같은 이유는 사실이 아니었다.

회사를 그만둔 후 나중에 술자리를 하면서 들려주는 이야기는 사람과의 갈등으로 그만둔다는 것이고, 앞에서 언급한 내용은 퇴직을 위해 둘러댄 핑계일 뿐이었다. 결국은 인간관계가 실질적인 이직 사유 중 첫 번째가 되는 것이다.

신입사원의 이직률이 높은 현시점에서는 입사와 마찬가지로 중요하게 여겨져야 할 것이 퇴사다.

최근에는 퇴사를 실천에 옮기는 이들이 늘면서 '퇴준생'이라는 말이 생겼다. '취업준비생'과 비슷한 의미로, 퇴사를 마음먹고 미리부터 하나하나 준비를 하는 이들을 일컫는 말이다.

어떻게 퇴사를 해야 아름다운 퇴사라 말할 수 있을까?

우선 직속 선배에게 퇴사하는 것을 알리는 것이 중요하다. 함께 상의하며 업무에 차질이 생기지 않도록 조율하는 것이 필요하다. 더욱이 향후 진로에 대해 선배가 조언을 해줄 수도 있고, 새로 이직할 곳에 대한 정보를 알려줄 수도 있다. 마음 맞는 상사에게 꼭 자신의 계획을 귀띔하는 게 중요하다. 그리고는 담당 팀장이 각 부서장에게 구두로 보고 할 수 있도록 하는 게 필요하다. 입사와 마찬가지로 퇴사는 또 하나의 절차이기 때문에 회사와 원만한 관계를 이루면서 진행하는 게 좋다.

회사 구성원은 조직 안에서만 서열이 있는 직장 선후배들이지만 멀리 보면 동종업계에 나와 같은 동료이며, 인생 선배들이기 때문에 언제든 다시 만나게 돼 있다. 그때 좋은 관계를 만들 수 있도록 하는 게 좋다. 세상일이라는 것이 시스템으로 돌아가는 듯 보이지만 인간관계로 끈끈하게 돌아가는 경우도 많다. 일부 사원들은 회사 사람들과는 다시는 안 볼 것처럼 하고 나가기도 하는데 사람이 살아가는 데 태도와 마음가짐은 너무나 중요하다. 기껏 직장에서 좋게 쌓아온 이미지를 마지막 뒷모습으로 그르칠 필요가 없다.

사직서 서류는 회사 내에 갖춰지지 않은 경우가 많기 때문에 인터넷에서 다운로드 해 회사 규정에 맞도록 작성하는 게 좋다.

기업이 사람을 채용하는 이유는 조직이 설정하고 추진하는 일을 동료들과 함께 도모하기 위해서다. 중간에 나가는 퇴사자의 마음가짐이라면 조직이 추진하고자 하는 일이 잘 될 수 있도록 기원하고 내 업무를 새로운 사람이 잘 이어갈 수 있도록 인수인계를 잘 해줘야 한다.

나의 경력에 그 회사의 이름이 올라있다는 사실은 평생 지워지지 않는다. 전혀 다른 종류의 직업을 택하는 게 아니라면, 그곳을 나왔다는 사실이 업무에서 더 많은 영향을 준다. 관계를 소홀히 할 수 없는 이유가 된다. 퇴사도 아름다운 마무리가 되어야 하는 것이다.

옥은 천년을 땅속에 있어도 그 빛을 잃지 않으며, 향은 백 겹의 종이에 싸여 있어도 그 향기가 배어 나오는 것을 막을 수 없다는 말처럼 우리의 행동 하나가 어느 곳에 가서든 좋은 인연으로 미래를 더 성장시킬 수 있음을 우리는 기억해야 한다.

자본금 1억을 모으자

대학 시절, 우리의 용돈은 대게 2~50만 원 선이었다. 차비를 쓰고, 식사를 하고, 통신비를 내고. 데이트라도 있는 날이면 용돈이 부족하기는 했지만 그래도 이리저리 잘 쓰고 다녔다. 신용카드 없이 체크카드를 활용하면서 말이다. 직장 생활을 하니 2~300만 원 목돈이 들어온다. 그동안 못해본 것을 하느라 돈을 쓰다 보니, 한 달에 200만 원이 넘는 카드 값이 나온다.

커피도 마셔야 하고, 책도 사고, 문화 활동도 하고, 친구들과 오랜만에 만나 술이라도 한잔 하게 되면 대학 시절 최대로 많이 쓰던 용돈 50만 원을 훌쩍 넘는다. 그러다 차가 필요할 것 같아 할부로 구매하고 나면 그야말로 돈 모으기는 우선순위에서 멀어진다.

그렇게 서른 살을 맞이했는데 평소 친하게 지냈던 석수현 실장은 책 『왕토끼와 함께 오사카오타쿠』(왕토끼하우스, 2016년)을 내며 회사원인 동시에 저자로 활동하고 있었다. 또 20대에 펀드와 CMI통장을 굴리다 보니 5년 새 1억 원 넘게 돈을 모았고, 동시에 증권투자에도 베테랑이 돼 있었다. 우리 똑같이 언론사에 입사해 같은 신입사원 시절을 겪었는데 불과 5년 만에 이렇게 경제적으로 차이가 났다.

석수현 실장만 특별해서 그런가 보다 하고 생각했는데 주위를 살펴보니 서른이 되기 전에 1억 원을 모은 사람들은 너무나도 많았다. 그들은 특별한 사람들이 아니라, 우리 주변에 있었던 평범한 사람들이었다. 여행사 직원이었던 이준영 씨도 20대에 벌써 집 3채의 주인공으로 등극했다.

모아둔 돈을 활용해 오피스텔 한 개를 사고, 나머지는 대출을 받았다. 오피스텔은 보증금 5,000만 원과 함께 월세 50만 원을 받고, 월세는 대출 이자 비용으로 활용하고, 보증금은 또 다른 오피스텔을 사는 종잣돈이 되었다. 그런 식으로 자기 돈 1억 원에 집 3채를 보유하게 됐고, 매월 갚아야 할 대출 이자는 90만 원이지만, 집 3채의 월세가 200만 원이 되기에 이자를 갚고도 여분의 돈 월 110만 원을 남기는 것으로 계속해서 돈을 불리고 있었다.

가만히 보니 금융 공학을 알지 못하면 안 될 것 같았다. 금융 산업이 발전하는데 돈을 굴리지 못하는 건 개선해야 하는 사항이었다. 벤저민 프랭클린은 말했다.

"가지고 싶은 것은 사지 마라. 꼭 필요한 것만 사라, 작은 지출을 삼가라, 작은 구멍이 거대한 배를 침몰시킨다."

그동안 가지고 싶은 것은 모두 사고, 원하는 것은 모두 먹었고, 배우고 싶은 공부도 실컷 하고, 가고 싶은 곳은 언제나 가봤던 나의 생활에 프랭클린이 경종을 울렸다.

20대에 1억 원을 모은 신입사원들은 이렇게 내 주변에 있었으며 그들은 자본에 재투자하며 돈을 불리고 있었다.

'그들이 나보다 월급을 많이 받았겠지'라고 생각했지만 아니었다.

교육 회사에 다니는 서른 살의 권하나 씨도 함께 공부하면서 만났는데 28세에 이미 1억 원을 모으고, 지금은 홀가분하게 직장 생활을 하고 있었다. 1억 원을 모은 후에는 자신이 하고 싶은 일에 조금씩 투자하면서 회사생활 외에 주말에 투잡을 할 수 있는 요가 강사를 꿈꾸며 강사자격증을 취득했다.

그들이 20대에 모은 1억 원의 돈이 너무 크고 부러워 어떻게 하면 모을 수 있는 돈인지 생각해 봤다.

한 달에 150만 원씩 60개월(5년)을 모아야 9천만 원이다. 170

만 원씩 60개월을 모아야 1억 2백만 원을 모으는 금액이었다.

어려운 일이기는 한데 도전 못 할 170만 원의 저금도 아니었다. 그들은 점점 마이너스 금리 시대로 가고 있는 실정에도 꼬박꼬박 정직하게 돈을 모으고 있었다.

어떻게 직장 생활 하면서 170만 원을 저금할 수 있었을까. 그런데 방법은 모두 간단했다. 그들은 월급의 70%를 저금하고 쓰지 않았던 것이다. 푼돈까지 아끼는 것이었다.

아시아경제 성선화 경제부 기자도 처음 집을 살 시드머니 1천만 원을 모으기 위해 300만 원의 월급에서 50만 원만 쓰고, 250만 원씩 넉 달을 저금해 1천만 원을 만들었다. 이렇게 하면 1년 만에 3천만 원을 만들 수 있고, 3년 정도면 9천 ~ 1억 원 정도 모을 수 있는 계산이 나온다.

1억 원을 모으고 난 후, 무엇을 해야 할지는 각자의 선택이겠지만 돈 1억 원으로 할 수 있는 일은 너무나 많다.

이렇게 모은 돈은 단단한 돈이기 때문에 깨기도 쉽지 않다. 이렇게 목돈을 만들면 여러 용도로 사용할 수 있다. 집의 규모를 늘리거나, 학자금으로 사용할 수 있고, 불의의 사고나 미래를 위해 계속 저축할 수도 있다. 사업에 사용할 수 있기도 하고 말이다. 사업을 하려면 종잣돈이 필요하기 때문에 종잣돈이 사업을 성공으로 이끌 수 있는 큰 힘이 된다.

20대에 1억 원 모으기는 대기업에 다니는 신입사원에게만 국한된 것이라 생각할지 모르겠다. 하지만 중소기업에 다니는 신입사원은 청년 정책을 잘 활용하면 된다.

우선 평균 월급에 도달하지 못하는 사람들에게는 '문화바우처카드'가 나온다. 한 달에 6만 원이니 일 년이면 무려 72만 원이다. 큰돈이다. 이 돈으로 매월 영화나 공연을 볼 수 있고 책을 살 수가 있는데 그런 곳에 투자한 후 책을 기증하거나 다시 되팔면 더 큰 시너지 효과를 얻을 수 있다. 또한 중소기업에 취업한 청년에 정부가 900만 원 지원해 주는 중소기업 청년 추가고용 장려금 지원사업도 있다. 근로자 2년간 300만 원 저축하면 정부가 900만 원을 더해 3년 후 1,200만 원 목돈 만들어주는 것이다. 또한 29세 이하만 가입할 수 있는 청년우대형 청약통장은 3.3%의 고금리에 비과세 혜택까지 주는 꿀 정책이니 활용해야 한다. 각 지역별로 청년들을 위한 지원 정책들이 많다. 우리는 이런 청년 정책을 잘 활용해야 한다.

돈을 모으기 위한 첫 번째는 '하루 종일 카드를 쓰지 말자'고 다짐하는 것이다. 대기업에 다니는 사람들은 그야말로 돈 쓸 일이 없다. 복지가 좋아 회사에서 지원을 많이 해주니 커피도, 밥도 모두 무료다. 출퇴근은 회사 통근버스를 이용해도 좋고, 지하철을 타고 다녀도 하루에 카드 쓰는 일은 교통비뿐이니 처음에는 이렇게 카드를 안 쓰도록 하는 것이다. 돈 쓸 일이 없으니 현금을 가지고 다닐 필요도 없어 월급 70%는 저축을 하고, 틈틈이 명절 보너스와 연말 상여금으로 부족한 부분을 충당하면서 생활하면 짧은 기간에 1억 원 모으기는 쉽게 성공할 수 있다.

각박한 현실이지만 이 와중에 차곡차곡 1억 원씩 모으는 기특한 20대들에게 내가 강조하는 문장들이 몇 개 있다. 주변 사람들에게 전도하고 다녀 이제는 나만의 어록이 돼 버렸다.

신입사원 때 사용할 저자의 어록

- "저가 화장품은 저가가 아니라, 정가다."
- "LCC 비행기는 대한항공, 아시아나 항공사 기장 등 베테랑 기장으로 운행하는 비행기다."
- "옷의 원가는 몇천 원도 안 된다."
- "공유경제 시대에 빌려 쓰자."
- "피부는 물로 관리하자."
- "냉장고는 화장품과 물을 넣는 곳이다."

피부 좋은 친구들을 살펴보니, 그들만의 비결이 따로 있었다. 그들은 피부에 비누도 사용하지 않고 물로 씻은 사람이었다. 로

선도 바르지 않았다. 어렸을 때부터 습관이 이렇게 길든 것이다. 그 대신 자주 씻었다. 여름에는 덥다고 화장실에 갈 때마다 세수를 했다. 심지어 머리도 비누로 감는 사람들이 머릿결이 더 좋았다. 비누로 머리를 감으면 처음에는 뻣뻣하지만 시간이 지나면 오히려 머리가 보드라워진다.

선진국이 될수록 상품들은 세분화한다. 샴푸, 린스, 트리트먼트, 헤어영양제, 발 샴푸 등등 화장품에 활용되는 성분은 비슷한데 포인트로 두어 가지 재료들을 더 섞어 마케팅화 하며 광고하는 것이다. 이렇게 세분화 한 물건들을 각각 사면 지출은 늘 뿐이다.

원룸에 입주하면 특별한 가구들을 사지 말고 그대로 최소한의 것만 구비하고 사는 게 비법이다. 미니멀라이프를 즐기는 것이다. 명상센터에 가보면 공간에 가구 하나가 없다. 가구들이 가득 들어서면 생각을 방해하기 때문에 공간을 그냥 비워두는 것이다. 우리가 사는 집에도 최소한의 것만 하나씩 구비하고, 나머지는 없애는 게 직장 생활이나 창의력에 큰 도움이 된다.

결국 성공한 신입사원들은 돈은 모았다. 20대에 1억 원이라는 돈을 모을 수 있도록 노력해 보자, 1억 원이 대단한 돈은 아니지만, 직장 생활 하면서 1억 원이라는 돈을 모아 봤다면 앞으로 더 많은 기회가 생길 것이다. 마음에 들지 않는 상사로 우울증에 걸리거나 밤새 고민하면서 회사를 그만둘까 고민하면서 시간을 보내기보다는 돈을 차곡차곡 모르면서 작은 일들을 실천하면 좋겠다.

- 헬스클럽은 회사나 지역 체육센터나 주민센터를 활용한다.
- 대중교통을 이용한다.
- 구내식당을 활용한다.
- 커피는 마시지 않거나 회사 티백을 이용한다.
- 물건은 하나씩만 최소한으로 구비하며, 쓰레기 없이 살도록 한다.

사실 우리에게 꼭 필요한 물건은 없다. 우리의 욕망일 뿐이다. 그 욕망을 채우면 그 기쁨은 그때뿐이다. 차라리 빌려 쓰며, 공유하는 것에 성취를 많이 느꼈으면 좋겠다.

운동을 꼭 해야 한다면 지역 곳곳에 있는 공원의 공공시설을 이용해도 좋고, 주민센터 프로그램을 이용해도 좋다. 또 각 시도별로 체육센터가 마련돼 있기에 적은 비용으로 이용하면 좋겠다. 또 20대에는 차를 사기보다는 대중교통을 이용하며 돈을 모으면 좋겠다. 실제로 서울 같은 경우는 오히려 차가 있는 게 손해다. 대중교통을 활용해 지역 곳곳을 가보는 게 건강에도 좋고 좀 더 새로운 것들 많이 접할 수 있다. 식사를 할 때도 밖에서 외식하는 것보다 구내식당을 이용하며 영양도 챙기고 저렴하게 식사 할 수 있도록 하는 게 좋다. 시간도 아끼고 좀 더 많이 쉴 수 있는 시간도 확보가 된다. 커피도 회사에서 마시거나 개인적으로 티백을 구비해서 먹는 것이 좋다. 환경도 보호하고 건강도 생각할 겸 텀블러를 활용해 직접 타서 마시는 게 지출을 최소화할 수 있다.

　그리고 가장 중요한 것은 물건을 사지 않는 것이다. 우리에게 살면서 필요한 것은 주변에 다 마련돼 있으며 함께 쓰면 된다. 꼭 사야 할 물건들이 있다면 하나씩만 마련하도록 하고 되도록 사지 않는 게 좋겠다.

　　　　　　　　　　　　　　　　　　　　　　　　　　초인재

국제회의와 UN의 무대로 진출하자

　우리가 공부하는 이유는 비즈니스에서 성공하기 위해서만이 아니다. 좋은 동료를 만들기 위해서라도 학문을 하는 것은 매우 중요하다. 우수한 동료와 파트너를 맺고 싶으면 자신이 먼저 그들이 모여 있는 곳으로 가야하고, 상대에게 유익한 존재가 돼야 한다.

　중국, 필리핀이나 베트남에서 유학 박람회를 열면 인산인해를 이루는데 일본에서는 유독 한산하다. 일본에서는 일본어만으로도 충분히 생활할 수 있고, 영어를 못해도 취직할 수 있기 때문이다. 따라서 해외유학을 꼭 가야 할 필요성을 느끼지 못해 유학박람회가 인기가 없다. 하지만 세계 반대편에서는 해외 기업으로의 진출을 위해 많은 청년들이 유학을 간다. 세계적인 대학에 입학해 좋은 사람들을 만나고 함께 공부하기 위해서다. 그리고 그들은 취업박람회와 스카우트 제도를 통해 글로벌 기업에 입사한다.

1998년 열린 취업박람회에서 골드만삭스와 메릴린치, 맥킨지, 보스턴 건설팅 그룹 등 기라성 같은 기업들 사이에서 삼성전자와 LG전자 관계자들도 인재를 확보하려고 열심히 노력하고 있었다.

당시 컨설팅 그룹 맥킨지가 인재 채용을 위해 약 1,200만 엔을 제시했는데 삼성전자는 1,500~2,000만 엔을 제시했다. 삼성이 인재를 모셔오는데 더욱 적극적이었다. 그렇게 전 세계에서 뽑은 인재가 삼성에서만 임직원이 25만 명이다. 이들은 삼성에 근무하면서 한국기업의 문화를 배우고, 언어를 배우고, 세계 속에서 제품을 팔고 있다.

세계적인 기업들은 능력 있는 인재를 채용하기 위해 국가를 구별하지 않는다. 누가 기업을 더 성장시킬 수 있는지 그 기질과 능력을 보고 연봉을 제시할 뿐이다. 우리나라 청년들도 세계 속의 인재로서 글로벌 기업에서 역할을 할 수 있도록 해야 한다. 국내 기업이라도 글로벌 기업으로 키울 수 있도록 자신이 원하는 곳으로 도전하면 된다.

이렇게 글로벌 기업에서 자신의 비전을 향해 나아가는 사람이 있는가 하면 세계국제기구에서 일하며 국가의 발전을 위해 일하는 하는 청년들도 많다.

유엔에서 일하는 한국 국적의 200여 명의 직원들 중 유엔 중남미경제위원회에서 일하고 있는 백승진 박사는 한국에서 공부하며 UN에 정석으로 입학한 인재다. 그는 중남미 대륙 국가들을 관장하는 유엔 중남미경제위원회에서 일하고 있는데 중남미와 우리나라를 연결하는 데 큰 역할을 하고 있다.

유엔 중남미경제위원회는 칠레 산티아고에 본부를 둔 유엔 사무국 소속기관으로 1948년에 설립되었다. 중남미 지역 주민의 생활수준 향상에 기여하기 위해 경제와 통계 정보를 제공하고 중남미 경제 관련 연구와 세미나 개최, 자료 출판 등의 활동을 하고 있다.

글로벌 기업에 입사해 회사를 성장시키면서 역할을 하는 청년들이 있다면, 또 한쪽엔 국제기구에서 정책을 연구하며 국가별 성장을 도모하는 청년들이 있다.

대학 시절부터 국제기구에서 인턴십을 하는 게 가능한데 우리나라에 국제기구 12개가 인천에 입주돼 있으니 국내에서 국제기구에서의 인턴십을 활용해 유엔직원들과 함께 일하고 국제회의에 참여하면 좋을 것 같다. 인턴십을 하면서 세계 이슈를 발굴하고 대안을 찾기 위해 연구하는 것을 익힐 수 있는데 훗날 기업에서 일하거나 창업을 할 때도 국제기구에서 배우는 업무들이 큰 도움이 될 것이다.

유엔은 글로벌 환경에서 일할 수 있다는 큰 매력과 함께 신입사원이 되자마자 연봉 10만 달러가 넘는 급여가 비과세로 제공된다. 3년 정도 각 도시를 돌며 생활하기 때문에 대부분의 살림은 간소하다. 주거는 유엔에서 빌려준 집으로 해결한다. 퇴직 후에도 연금이 연 10만 달러가 넘게 나온다고 하니 직업적으로도 매력적이다.

그렇다면 먼저, 유엔은 어떻게 들어갈 수 있을까?

유엔 입사는 시험에 합격해야 하는데 응시자격이 되기 위해서는 석사 이상의 학위와 관련 분야 3년 이상의 경력이 있어야 가능하다. 그리고 유엔국별 경쟁시험에 합격하면 된다.

시험은 YPP로 '유엔고시'라고도 일컫는다. 이 시험은 서류 지원에서부터 최종 합격까지 1년 반 이상이 소요된다. 우리나라에서 유엔에 가입한 이후 2009년까지 재정분야에 합격한 한국인은 13명인데, 그들 중 일부는 여전히 발령 대기 중이다.

백승진 박사는 "유엔은 인류를 천국으로 이끌기 위해서가 아니라 지옥에서 구출하기 위해 존재한다"고 말하는데 그만큼 사명감이 우선해야 하는 직업이라고 귀띔한다.

실제로 우리 청소년들과 만나보면 UN에서 일하고 싶어 하는 학생들이 많다. 나는 이들을 위해 '유엔친구들'(Friends of UN)'이라는 단체를 만들었는데 인천에서 30명 모집에 300명 이상이 모여 100명을 뽑았다. 면접 장소에는 학부모들도 많이 찾아와 자녀가 유엔친구들에 가입하기를 희망했다.

나는 청소년들이 유엔직원들과 함께 공부하고 세미나를 열면서 세계로 시야를 확대하기를 바랐다.

유엔 입사는 사무국의 유엔 국제기구 진출 채용 시험 YPP를 비롯해서 대한민국 외교부에서 직접 선발하여 유엔과 파견 근무를 보내게 되는 국제기구 초급전문가, 인재선발 프로그램, 인턴십, 유엔 자원봉사 프로그램 등의 진출 루트가 있다.

정규직과 무기한 계약직으로 이뤄진다고 하니 어떠한 형태로도 기업에 입사 전 뜻이 있다면 어떤 방법으로든 유엔에 입성하는 것은 중요하다. 또한 인턴십을 하면서 유엔직원들과 함께 소통하고, 세계 이슈를 분석해 보는 것은 업무를 하는 데 큰 도움이 될 것이다.

하버드에서 만난 동갑내기 한국인 친구 캘리는 국제통화기금 IMF에 입사해 일하다가 공부가 더 필요한 것 같아 하버드에서 석사과정을 밟고 있었다. 이렇게 20대에는 다양한 길이 있기에 입사를 한 후에도 퇴직을 하고 진로를 바꿀 수 있기에 다양한 사람들이 있는 곳으로 다양한 정보와 좋은 사람들이 있는 곳으로 가는 게 중요하다.

유엔은 각국의 분담금으로 운영된다. 미국, 영국, 프랑스, 러시아, 중국 등 상임 이사국은 물론이고, 일본 같은 신흥 경제 대국들도 분담금을 많이 내고 있다.

우리나라는 1996년 안전보장이사회 비상임 이사국을 거쳐, 2012년부터 다시 비상임이사국을 수행하고 있는데 유엔 분담금 총액의 2% 정도를 분담하고 있다. 이 금액은 193개 회원국 중에는 열한 번째로 많은 금액이다. 대부분의 지원자들은 다양한 국제기구에서 인턴십이나 컨설턴트로 일한 경험이 있는 사람들로 지금까지는 한국인들에게 문턱이 매우 높은 편이다. 하지만 한국에서 반기문 사무총장도 배출되고 한국에 대한 위상이 계속 높아지면서 한국인에 대한 선호도도 많이 개선되었다.

백승진 박사는 "유엔 이코노미스트로 일하는 동료들을 보면 적지 않은 사람들이 세계은행, 유럽연합, 국제통화기금, 경제협력개발기구 등 다양한 국제기구에서 근무한 경력이 있다"고 했다.

박사학위 소지자도 대부분이니, 이런 스펙들이 우리들의 미래를 보장해주는 훈장은 아닐지라도 유엔까지 진출하는 데 큰 도움이 되니 학문과 네트워크를 계속해서 이어 나아가야 한다.

균형 잡히고 다양한 시각을 지닌 엘리트를 한국에서 많이 배출한다면 세계를 더 좋은 곳으로 만드는 데 큰 공헌 활동을 할 수 있다. 알고 있는 지식을 늘리는 것이 중요한 것이 아니라, 직면한 문제 해결을 위해 가진 지식을 활용하면서 말이다.

국제기구와의 네트워크 활동을 높이기 위해서는 국제회의에 참석하며 세계가 어떤 이슈에 관심을 갖고 있는지 안목을 갖는 게 필요하다. 요즘 국제회의는 인천 송도국제도시에서 많이 열리고 있다. 한국에 입주해 있는 UN기구들이 녹색기후기금 GCF를 비롯해 12곳으로 정기적으로 인천 컨벤시아나 송도-G 타워에서 국제포럼과 세미나가 열리고 있다. 참석은 누구나 사전 신청만 하면 무료로 참여 할 수 있는 자리로 국제회의가 어떻게 이뤄지고 어떤 이야기들이 논의되고 있는지 초인재 신입사원들이라면 알 필요가 있다. 세계의 흐름이 지금 어떻게 변화되고 방향을 잡아나가는지 회의에서 모두 결정되기 때문이다.

　서울디지털포럼 등 언론사에서 개최하는 각종 국제회의에도 참석하면 네트워크 형성은 물론 세상을 보는 안목에도 큰 도움이 될 것이다. 외국계 기업의 회의와 유엔 회의들은 때때로 학술논문까지 인용하면서 진지하게 논쟁을 벌이는 학회 같은 분위기인데 이런 상황을 미리 국제회의 참석으로 경험해 보는 게 필요하다. 아니면 관련 업무에 연장 선상으로 실무자로서 국제회의에 토론자나 강연자로 참석해 보면 더욱 금상첨화일 것이다.

　보는 것과 참여하는 것은 너무나 다르고 국제기구 구성원들과 네트워크를 쌓기에도 매우 좋은 수단이 된다. 기회가 되면 업무에서 국제회의도 만들어 보고 전문가들을 초청하면서 업무를 국제적으로 이슈화하는 것도 필요하다.

　외교부가 개최하는 제주포럼에 참석한다든지 해외협회에서 각 나라를 순회하며 개최하는 세계교육포럼 등에 참여한다든지 우리가 참여할 수 있는 국제회의는 매년 국내에서 수없이 이뤄지고 있다.

6장

기업은
당신을 원한다

신입사원을 뽑는 이유는 무엇인가?

2008년 11월 20일 중국 난징에서 대학 졸업생을 대상으로 취업 박람회가 열렸다. 당시 언론은 중국에서 올해 495만 명이 대학을 졸업했으며 이번 박람회를 통해 3만여 명이 일자리를 찾게 될 것이라고 했다. 10년이 흐른 오늘날 중국 취업 시장에 나온 젊은이들은 얼마나 될까?

2018년 현재, 매년 대학 졸업생은 700만여 명이라고 한다. 이 중 IT 전공자들이 절반가량 차지하고 있다고 하니 주요 글로벌 IT기업에 입사한 신입사원 중 상당수가 중국인이다.

글로벌 기업들은 어떤 기준으로 신입사원을 뽑을까? 일단 기업이 신입사원을 뽑는 이유부터 알아봐야겠다.

방송국에서도 매년 신입사원을 채용한다. 정기적으로 채용하기도 하고 비정기적으로 추천을 받아 선발하기도 한다. 언론사만큼 인력난에 허덕이는 곳도 없는데 정규직 사원 외 계약직, 프리랜서, 프로덕션 직원까지 방송국에서 24시간 머리를 맞대며 다양한 사람이 연결돼 일하고 있다. 그것뿐이랴, 방송국 본사에 자회사인 미디어 광고, 영어채널, 다큐멘터리채널, 드라마채널 등 독립 법인에서 일하는 인력들까지 합하면 어림잡아 1만 명 정도가 방송국 한 곳에 기대어 살고 있다.

1만여 명 중 본사 사원은 많아야 1천 명. 1/10이다. 그 중에 기자와 피디, 아나운서는 정원의 절반에도 미치지 못한다. 공개채용 시 방송국에 입사하려는 신입사원들의 지원율은 수천 대 일로 매년 증가하고 있다. 구체적인 채용 과정은 다음과 같다.

먼저 서류심사가 있다. 인사팀은 신입사원 채용 기간에 언제나 야근을 해야 한다. 수천 장에 달하는 서류를 분리하고, 프린트하기도 만만치 않기 때문이다. 인사팀에서 서류 자료들을 보내주면, 인력이 필요한 해당 부서원이 수량을 나눠서 심사한다. 우리 부서에서 필요한 인력을 수혈받기 위해 선발하는 과정인 만큼 각자 안목을 가지고 심사숙고해 서류를 선별한다. 신입사원의 그동안의 경험이 이력서 한 장과 자기소개서에 적힌 만큼 꼼꼼히 챙겨본다.

이렇게 서류심사가 끝나면 필기시험을 보게 된다. 언론사 공채시험인 만큼 상식과 시사 관련 논술을 보게 되는데, 여기서 합격하면 인적성검사와 카메라 테스트, 실무자 면접을 본 후 최종 면접으로 갈 수 있다. 요즘은 합숙 면접과 토론 면접을 시행하기도 한다.

심사위원이 되면 누가 더 우리 회사에 적합한지가 확연히 보인다. 간절한 사람들, 정말 이 일을 하고 싶은 사람들, 열정 있는 사람들의 행동이 비교 되면서 분별된다.

그렇다면 세계에서 가장 유망하고 재능 있는 인력만을 영입한다는 글로벌 IT기업인 구글은 어떨까?

구글은 많게는 스물다섯 번까지 면접을 보고, 입사까지 무려 6개월이나 걸린다. 세계적인 기업답게 구글은 그 어떤 기업보다 리쿠르팅 시스템을 잘 도입한 회사다. 직원 한 명을 채용하는 데 1명당 130만 달러의 비용을 지불하고, 기존 직원들처럼 연봉과 보너스, 스톡옵션까지 제공한다.

우리나라를 비롯해 실리콘밸리에 있는 기업들도 채용공고를 내고 이력서로 평가하고, 면접으로 직원을 채용하는 것은 매한가지인 듯하다. 그 대신 구글은 신입사원을 선발할 때 업무를 제대로 해낼 수 있는 상위 10%만을 채용한다. 상위 10% 인재에 속하는 신입들은 최악의 경우라도 입사 이후, 1년간 적어도 평균적인 성과는 낸다는 것이다.

구글 관리자들은 자기 손으로 직접 팀원을 선발하고 싶지만 인재를 탐색하는 시간이 길어지면 타협을 하기 때문에 인사팀에서 직접 직원을 채용한다.

사실 구글 인사팀은 말이 인사팀이지 인쿠르트 기업이라고 할 정도로 인재풀을 빅데이터화 한다. 매 학년도 MIT대학 졸업생들의 이름과 이력은 어느 정도 인지 알 수 있도록 자체개발 지원자 데이터베이스인 '자하이어'를 이용한다. 전 세계 검색엔진 포털 사이트답게 구글은 빅데이터를 활용해 장기간에 걸쳐 이런 유능한 인재를 찾아내고 있다.

이렇게까지 구글이 채용시스템을 갖추는 이유는 선발기준을 높게 하기 위해서이며, 똑똑한 사람을 채용하는 것이 아니라 똑똑하기만 한 사람은 채용하지 않는다는 목표를 잘 실현하기 위해서다.

앞에 두 과정에서 보는 것 같이 방송국이나 글로벌 기업이나 신입사원을 뽑는 과정이 나름대로 시스템을 잘 도입한 것 같지만 결국은 평가자 개인의 주관적 판단이 들어갈 수밖에 없다.

인재를 뽑는 방식도 다양화하고 있다. 대규모 공개 채용은 여전히 유효하지만 소규모 심층 면접 채용도 시행되고 있다. 3천 대 1의 확률로 뽑은 사원과 1 대 1로 면접으로 뽑은 사원의 능력을 비교했는데 능력이 그리 다르지 않다는 데이터가 나왔다. 더욱이 제4차 산업혁명 시대에 돌입한 현재는 적절한 곳에 인재를 빨리 뽑아 현장으로 내보내는 것이 유리하기 때문에 기업은 1대 1 면접 방식을 선호할 것이다.

제4차 산업혁명 시대를 맞아 기업이 새롭게 도입할 수 있는 신성장동력 사업을 계속해서 발굴하고 있는 상황에서 얼마나 신속하게 유능한 인재를 현장으로 보내느냐가 사업 성패를 좌우한다. 속도전이다.

제4차 산업혁명 시대는 경력직원이나 신입사원이나 능력치에서 큰 차이가 나지 않는 시대다. 그동안 해왔던 일이 아니라, 무에서 유를 창조해야 하는 새로운 일이 주 사업이기 때문에 참신한 아이디어로 무장할 신입사원이 필요한 것이다.

현재 신입사원 또래는 놀라운 세대들이다. 그동안 경험해 보지 못한 것을 만들어 가는 세대들이기 때문이다. 신입사원들은 이 시대를 제어하고 만드는 데 일조했다. 태어나자마자 영상을 접했고, 모바일로 공부를 했으며, 컴퓨터 코딩으로 소프트웨어를 만들고, 유튜브로 전 세계와 소통하는 기가 막힌 사람들이지 않은가. 어느 세대보다, 새로운 일에 잘 적응하고 융합하며, 놀라운 성과를 낼 수 있다. 무엇보다, 성공하고자 하는 욕구도 상당히 높은 편이다.

세상은 정말 넓고 기업은 너무나 많다. 좋은 사람이 모인 곳으로 가자. 좋은 사람 곁에는 언제나 좋은 사람들이 모여든다.

조직에서 신입사원은 왜 중요한가?

　기업의 실무자들은 신입사원에 대한 기대가 적다. 그들이 무엇을 할 수 있을 것이냐에 대한 의문과 함께 신입사원을 일할 수 있도록 가르치려면 그들 연봉의 몇 배를 교육에 쏟아내야 한다고 푸념한다.

　패션무역 회사에 다니는 어떤 직원은 신입사원에 대한 질문에 이렇게 대답했다.

　"신입사원이 들어오면 실무자로서 그들이 어떻게 일해주길 바라세요?"

　"신입사원들은 일을 못 하는 것은 당연하니, 출퇴근 확실히 하고, 인사를 잘하고, 선배들이 시키는 거 잘해야죠."

어느 대학 교수가 기업의 대표에게 "왜 이렇게 기업이 신입사원들을 안 뽑느냐"고 질문하자 교수는 "대학에서 뭘 가르치는지 사원들이 아는 게 하나도 없어서 기업에서 다시 가르쳐야 해 뽑질 못 하겠다"라고 말했다고 한다.

기업의 이런 푸념에 대해 대학은 산·학·연 연계 교육을 추진했다. 교육부는 산·학·연 연계 교육으로 취업 성공률이 좋은 학교에 지원금까지 주고 있다. 공부를 하면서 산업계의 현장을 체험하고, 함께 연구하도록 하는 것이다. 하지만 이론과 기본을 충실하게 가르쳐야 할 대학이 취업률 때문에 기초학문에 대한 가르침에 소홀하지는 않을까 염려된다.

한편 신입사원 퇴사는 기업엔 또 다른 악재로 작용한다. 삼성전자의 경우 신입사원의 절반 이상이 3년도 안 돼 직장을 퇴사한다. 대한민국 1%만이 간다고 하는 삼성전자도 퇴사하는 신입사원이 있다는 게 놀라울 뿐이다. 매년 60만 명이 삼성 사트(SAAT)를 보고, 공부하기 위해 문제집을 사고, 도서관에 365일 연중무휴로 공부에 매진하고 있는데 말이다. 그런 회사에 입사했는데 절반 이상이 퇴사를 한다니. 그들이 퇴사하는 이유는 무엇일까? 혹시 저렇게 신입사원을 바라보는 우리들의 인식 때문에 신입사원들이 기업에 견디지 못하는 것이 아닐까? 신입사원들에게 퇴사하는 이유를 물어보면 크게 두 가지로 나뉜다.

1. 일이 힘들거나 사람이 힘들다.
2. 내가 원했던 일이 아니다.

기업은 신입사원이 퇴직한다고 하면 '요즘 젊은 사람은 끈기가 없으며, 일하기 싫어한다'라고 생각한다. 구직자가 많으니 신입사원이 나가면 새로운 직원을 바로 채용하면 되기에 별다른 감흥이 없다. 하지만 이는 오산이다. 기업에 직원의 이직률이 높다면 채용하는 과정에서의 문제인지, 회사 내부의 문제인지 살펴봐야 한다. 이를 반드시 짚고 넘어가지 못한다면 제4차 산업혁명 시기에 조직이 와르르 무너질 수 있다.

직장인 컨설턴트 미첼 쿠지와 심리학자 엘리자베스 홀로웨이는 책『당신과 조직을 미치게 만드는 썩은 사과』(예문, 2011년)에서 '조직의 썩은 사과'라는 새로운 단어를 만들었다. 2011년에 나온 단어인데 그 의미를 살펴보니 정말 어느 조직이나 썩은 사과는 있었다.

썩은 사과란 조직 내에서 전체의 업무수행능력이 떨어지도록 하는 사람을 일컫는다. 썩은 사과는 우수인재를 떠나게 하고 조직 에너지를 고갈시킨다. 특징은 창피주기(미묘한 학대, 적대적 언행을 계속), 소극적 적대행위(특정인 험담, 자기비판에는 분노), 업무방해(권력남용, 조직원 감시, 협력파괴)를 하기 때문에 조직을 망하게 한다.

썩은 사과 때문에 조직이 오염되는 것을 '썩은 사과 증후군'이라고 표현하는데, 상자 속 썩은 사과는 스스로 썩어 못 먹게 되는 데서 그치지 않고, 상자 속 다른 사과도 썩게 만든다. 썩은 사과를 골라내지 않으면 상자 속 모든 사과가 썩게 되고, 썩은 사과가 나간 후에도 그 향기가 상자에 남아있어 남은 사과까지 계속 썩게 만드니, 결국 상자 째 버리게 된다. 썩은 사과들은 치유하기조차 힘들고 자기 스스로 본인이 썩은 사과인지조차 모르기 때문에 리더들은 썩은 사과를 막을 수 있도록 항균 박스를 만들어야 한다. 약한 사람에게 강하고 강한 사람에게 약하기 때문에 상사들은 잘 모를 수가 있어 신입사원들의 행동으로 리더들이 판단할 수 있어야 한다.

우수 인력이 떠나는 것은 기업으로써는 장기적으로 엄청난 손실이다. 이런 상황에서 신입사원의 행동과 말 한마디는 조직의 성패를 가름한다고 해도 과언이 아니다.

실제로 어떤 간부는 "신입사원이 회사에 실망해서 그만둘까봐 걱정"이라고 한다. 회사가 겉으로는 잘 운영되는 것 같지만, 백조가 수면 밑에서 발버둥을 치는 것과 같은데 그 무시무시한 몸짓의 모습을 보고 실망하지 않을까 하는 걱정 때문이다.

기업에서 신입사원은 일을 위해 입사한 사람이기도 하지만 소비자로서 기업을 평가하는 사람이기도 하다. 내 사람을 감동시키지 못하는 조직은 다른 사람을 감동시키는 제품이나 회사

운영을 할 수가 없다. 기업에서의 신입사원은 기업의 미래를 짊어지고 갈 인재며 기업의 성패를 가름하는 중요한 사람이라는 것을 명심하자.

신입사원이 기업에서 얼마나 중요한지 강조하고 싶은 대목은 '신입사원이 행복하지 않으면, 기업도 행복하지 않다'는 것이다. 신입사원이 행복하지 않다는 것은 기업에 성과가 날 수 없다는 말과 같다.

조직 내 개개인의 행복이 우선시되고, 다른 사람들에게 도움을 주는 프로젝트를 찾아야 한다. 신입사원이 하는 그 일에 월급과 성과금은 기본이고 그 일에 의미를 부여해야 한다.

일찍 출근해 회사의 미션을 수행할 수 있도록 아침이 기다려지고, 24시간 일과 놀이의 균형을 맞춰 생활하는 실리콘밸리의 사람들을 습성을 우리나라도 위대한 '판교2밸리'에서 실현해 내고 있다. 우리가 함께 세상을 만들어간다는 자부심을 신입사원에게 심어주는 기업과 그렇지 못한 기업의 차이는 분명 매출의 차이로 드러날 것이다.

신입사원 때가 중요한 이유는 무엇인가?

나는 언제나 젊은 사람들과 함께 일하고 싶다. 그들은 자유분방하며, 아이디어가 넘친다. 일할 줄 하는 실무자 입장에서는 젊은 청년들이 말하는 언어와 시선들이 정말 중요한데, 그들은 어디가 핫한 곳인지 요즘 어떤 트렌드가 유행하는지 누구보다도 민첩하게 알고 있다. 그들이 트렌드를 만들어가는 동시에 소비하는 사람들이기 때문이다.

전 세계가 왜 K-POP에 열광하는지 아는가? 그들만의 언어로 소통하기 때문이다. 기존 팝이 사랑과 이별, 연애 이야기가 주를 이뤘다면 K-POP은 음식, 감정, 차별, 가족 등에 넓은 소재로 감성을 깊이 있게 표현하기 때문에 인기가 있는 것이다. 세상이 이렇게 변화하고 있는 것이다.

신입사원이 많아지면 사무실에 에너지가 넘친다. 세상과 기업을 향한 신입의 호기심과 아이디어를 합한 능력을 더해, 출근 후 신입사원들의 활기찬 모습은 옆에서 보기만 해도 에너지를 얻는다.

프로젝트를 앞두고 제일 먼저 하는 일은 자료조사인데 이는 곧 신입사원들의 몫이 된다. 사업성을 분석하기 위해서는 기본 바탕의 자료를 숙지하는 게 중요한데 요즘같이 정보가 넘쳐나는 시대에 정보를 현실에 맞도록 큐레이팅하고 보고서를 만드는 것은 신입사원을 따라올 재간이 없다. 실제로 그들은 IT발전 기간에 맞춰 함께 성장한 세대라 전 세계의 정보를 쉽게 찾는 기술이 뛰어나다. 우리가 지금 하는 일은 지금까지 한 번도 해본 적 없는 새로운 방식을 융합해 적용하는 것인데 그동안 일했던 방식을 가지고 일하려는 것이 아쉽다.

경력자들과 함께 일 해보니 어설픈 경력자보다는 백지 같은 신입사원이 더 훌륭했다.

나는 신입사원을 직접 모셔오기도 한다. 신입사원들은 스펀지처럼 선배의 이야기를 모두 흡수하기 때문에 함께 일하기도 수월하다. 또한 그동안 스펙을 쌓느라 실력도 뛰어나 일머리만 조금 알려주면 아이디어가 척척 나온다. 신입사원들은 그 누구보다 일하는 것에만 집중했다.

신입사원도 좋은 선배를 만나는 것이 중요하다. 혼나는 것은 둘째 치고, 나의 이야기에 귀 기울여 줄 수 있는 선배를 만나는 것은 행운이다.

직장 생활을 하다가 신입사원이 스트레스가 많아 우울증에 걸리는 경우를 우리는 뉴스에서 종종 보게 된다. 현재 스트레스를 받고 있는 신입사원들이 있다면 꼭 조언해 주고 싶다. 꼭 그곳이 아니어도 우리가 갈 곳은 많다고.

직장은 우리가 선택하는 곳이다. 내가 몸이 아플 정도로 괴롭히는 조직이 있다면 그런 곳은 감히 빨리 나와야 한다. 세상에는 기업의 비전과 함께 개인의 비전이 함께 맞물려 성장할 수 있는 곳이 많다. 신입사원들은 그런 곳에 가야 한다.

신입사원 시절은 본인 개인에게도 중요한 시기이지만, 기업에도 앞으로의 미래가 달려있는 중요한 시기이다. 20대에 기업에서 했던 업무에 따라 앞으로의 수십 년의 운명이 결정되며, 신입사원 때 만난 사람들로 직무의 방향이 달라진다.

기업에서의 신입사원 시절을 자신의 업무만 하는 것에 한정하지 말고, 자유롭게 다른 업무에 관심 가지며 큰 그림으로 다양하게 업무를 배우고 익혀야 할 시기다. 20대의 1년은 30대의 5년과도 같을 정도로 가치가 있다. 앞으로 새롭게 도전할 수 있도록 에너지를 축적하고 정보와 인맥을 모으는 기간이기 때문이다.

젊은 사람에게는 많은 사람들이 관대하며 업무를 많이 알려주고 싶어 한다. 오히려 자신의 일에 관심 갖는 신입직원이 기특해 한 번쯤 키워 보고 싶은 인재로 선발되기도 하는 시기다. 기업이 신입사원을 중요하게 생각하듯 신입사원들도 이 기간이 자신의 인생에서도 매우 가치 있는 시간임을 알고 회사의 비전과 자신의 비전을 같은 목표로 두고 일하는 게 중요하다.

그 시기를 잘 살리지 못한 채 허송세월을 보낸다면 일에 박차를 가해야 할 30대에는 업무의 확장으로 이어지기보다는 새로운 일을 찾아야 하는 시기가 올 수 있기에 우리는 신입사원 시절인 20대를 업무와 세상의 흐름을 읽는 데 시간을 보내면서 현장을 배우는 데 모두 할애해야 한다.

신입사원이 열심히 일해야 하는 이유는 무엇인가?

　나의 20대를 생각해 보니 직장 생활을 10년 넘게 하면서 신입사원 시절을 8년이나 보냈다. 지역 회사에서 2년, 경인방송에서 기자로 6년, EBS에서 마케팅 PD로 2년을 일했다.

　법조 출입 기자로 청소년 유해물 중독 단속에 앞장서며 판사들과 함께 전국 캠페인을 벌이는 등 왕성하게 취재기자로 활동하다가 교육방송으로 간 데는 그만한 이유가 있었다. 전국 방송에서 프로듀서 역할을 배우는 게 20대를 마감하기 전 해야 할 중요한 임무였다. 언젠가는 방송국 사원으로 입사해 방송 경영을 해야 할 때가 오게 될 텐데 무에서 유를 창조하는 PD 정신을 익힌다면 그동안의 취재력과 합해져 큰 효과를 낼 수 있을 것 같았다.

　그때는 대학원에서 과학 저널리즘을 배우고 있을 때여서 출퇴근 왕복 120Km로 논문까지 써야 했는데 일을 마치고, 학교 근처에서 논문 쓰다가 피곤하면 근처 찜질방에서 조용히 쉬었다가 아침에 출근하며 직장 생활과 자기계발에 집중했던 시간이었다. 당시 '세계 과학 기자들의 표준자격 구축에 대한 연구'를 하고 있었는데 이광형 KAIST 지도 교수께서 지금 하고 있는 일과 발맞춰 주제를 다시 정해 보자 하셔서 '한국어능력시험(TOPIK) 콘텐츠 개발 확대를 위한 글로벌 방안 구축'에 대한 연구를 진행했다. 6개국의 외국어로 배우는 한국어능력시험 교육 프로그램을 한창 프로듀싱하고 있어서 이론만 구축한다면 실무에서 연구하기가 쉬웠다.

　부푼 꿈을 꾸며 입성한 EBS에서 가장 놀랐던 점은 함께 일하는 인력들의 면모였다. 프로그램을 송출하는 감독은 음악에 조예가 깊어 매일 클래식을 듣고 있었고, 음반 만여 장을 수집하는 마니아였다. 라디오 기술감독들은 하나같이 청각이 예민해 미세한 잡음까지 잡아내는 능력자였다. 개편이라 첫 방송을 준비하며 오프닝 음악이 필요하면 기술감독으로부터 폴 모리아(Paul Mauriat) 음반을 한가득 받아왔다. 나는 그 음반들 목록을 적고 음악 하나하나 재생하며 멜로디를 익혔다. 음악 듣는 귀를 넓히는 훈련이었다. 그 덕분에 라디오에서 나오는 웬만한 음악들은 숙지할 수 있었고, 클래식을 오래 들을 수 있는 귀가 생겨 평생 즐길 수 있는 좋은 습관이 든 것 같았다.

그곳 사람들 중 가장 뛰어난 사람은 나의 사수였던 호랑이 선배 이효종 차장이었다. 호랑이 선배는 20년 전 그 추운 러시아 시베리아에서 야생 호랑이를 찍었던 실력 있는 자연다큐멘터리 PD였다. 러시아어를 배우지도 못한 채 연출과 촬영을 위해 시베리아에 갔다가 프로그램을 완성할 때쯤 완벽하게 러시아어를 구사하며 금의환향한 국보급 PD다. 한 번도 책상에 앉아 러시아어를 공부해본 적도 없는 선배가 다큐멘터리 연출을 위해 러시아인들과 끊임없는 대화로 언어를 익히고, 우리나라 장관과 러시아국영방송국 사장 간 통역까지 멋지게 마친 자랑스러운 분이었다.

기억력이 좋고, 창의력이 넘치셔서 "선배는 천재인가요?"를 매번 물었다.

북방족 무스키(Mushki)를 닮았고, 행동도 그야말로 무스키스러웠다. 광활한 시베리아 자락에서 묵묵히 살아가는 위풍당당한 무스키. 언제나 그런 모습으로 일하는 선배는 자신이 PD라는 것에 자랑스러워 했고, 우직하니 작품에 대한 열정으로 외길 인생을 걸었다. 호랑이 선배를 만나 우리 팀은 하루가 36시간인 것처럼 일했다. 당시 맡고 있는 프로그램만 데일리 방송 3개, 생방송 1개, 녹음방송 6개로 정말 정신없이 일했다. 그 와중에도 라디오 다큐멘터리 드라마 〈코리안 미라클〉 100편과 〈드라마 한국사〉 78편을 만들며 베테랑 성우 20여 명과 함께 대작을 무사히 마무리 했다.

교육부에 찾아가 작품 감수도 요청하는 등 연구관들과 많은 의견을 나눴다. 한국개발연구원과도 정말 긴밀히 일했다. 우리는 예의를 갖추며 치열하게 의견을 나눴다. 이때 만들어진 작품은 역사 드라마들이라 시간이 흐를수록 가치가 더 높아지고 있다.

여전히 방송을 듣고 싶다는 연락이 오는 걸 보면 말이다. 방송 원본을 모두 소장하고 있는데 언젠가는 오디오북으로 만들어 외국에서도 많은 청취자들이 언제, 어디서나, 들을 수 있도록 하고 싶다.

지역방송에서 풀뿌리 민주주의를 고민하는 지역 활동가들을 주로 만났다면 중앙방송에서는 청와대 비서관들과 연락하고, 중앙정부를 오가며 일한 덕분에 정책 흐름이 어떻게 흘러가는지 체감하게 되었다. 그런 신입사원 시절을 기반으로 훗날 국회 출입 기자가 돼 여의도를 자주 드나들었고, 국회의원들이나 장관들도 척척 방송에 출연시키는 시사프로그램 PD가 될 수 있었다. 업무가 계속해서 확장되었다.

신입사원 시절은 많은 선배의 일하는 노하우를 배울 수 있는 시기이며, 팀에 들어가면 프로젝트를 수행하는 등 일머리를 배울 수 있는 시기였다. 그 시절에 일했던 마음가짐과 열정, 행동들은 무엇보다 아름다웠고, 힘들었지만 너무 행복한 시간이었다.

호랑이 선배는 언제나 "후배들이 함께한 덕분에 이 모든 일을 해낼 수 있었다"고 말했다. 자신의 공을 후배들과 함께 나눌 수 있는 그런 마음마저 넉넉한 사람이었다.

생방송을 연출할 때, 뚜뚜뚜 방송시간 정각에 큐-사인을 주는 그 행위는 몸에 전율이 일어나 말로 설명할 수 없는 짜릿함을 줬다. 긴장과 함께 엔도르핀이 돌며 심장이 쿵쾅쿵쾅, 형용할 수조차 없는 느낌이었다. 2시간의 생방송이 끝나면 꼭 쉬어야 했다. 그만큼 긴장하며, 집중해 온 힘이 다 들어갔기 때문에 곧바로 다른 업무를 할 수 없었다. 방송을 연출했던 사람이 이런저런 사유로 방송을 못 하게 되면 몸이 아프게 되는데 아마도 다른 것으로 대체 불가능한 경험 때문일 것이다. 그만큼 내가 했던 일은 상당히 매력 있는 일이었다.

마케팅 PD로 입사했지만 기획부터 연출, 계약, 취재, 마케팅, 홍보까지 챙기다 보니 정말 무에서 유를 창조하는 게 얼마나 고된 작업인지 알게 되었다. 진정한 프로듀서의 모습까지 선배께 모두 배우게 된 것이다.

방송을 위한 수많은 과정 중 단 한 단계라도 잘못되면 성과를 낼 수 없기에 함께 일하는 스태프와 출연자의 기분까지 생각해야 하는 프로듀서의 일은 정말 깐깐하고, 예민해야 할 수 있는 일이었다. 전국 방송이었기에 신중해야 했고, 아이들이 함께 듣는 교육방송이기에 실수는 절대 용납되지 않았다. PD가 거시적인 큰 틀을 기획해 미시적으로 콘텐츠 하나하나를 정성으로 만든다면 기자는 이를 알리고, 비판하고 대안을 제시하는 일이었다.

예전에는 몰랐다. 생방송 2시간을 연출하는데 그렇게 많은 시간과 에너지가 들어가야 하는 줄 말이다. 2시간 생방송을 하기 위해서는 매일 24시간 안테나를 곤두세우고 새로운 것을 발견하며, 세상 돌아가는 것을 읽고, 팀을 관리하는 등 다른 일도 함께 척척 해내야 하는 일이라는 것을 알게 되었다.

비록 그 시절은 신입사원 때였지만 누구보다도 가장 낮은 직급에서 일의 흐름과 곳곳의 면모를 익혔던 아무도 손댈 수 없는 실무자였기 때문에 책임감도 막중했다.

언젠가 선배에게 "저도 이제 서른 살이 넘었는데 언제까지 신입사원으로 이렇게 일해야 하나요?"라며 한탄한 적이 있었다. 선배는 "나도 9년 동안 신입사원으로 조연출 생활만 했다"며, "선배들의 연출 모습을 많이 본 후, 연출권을 잡는 게 나중에 어떤 일을 하든지 네가 하고자 하는 일들을 마음껏 잘 펼칠 수 있을 것"이라고 귀띔해줬다.

선배의 말처럼 신입사원 시절을 무사히 보내니, 중간관리자가 아니라 곧바로 경영자로 성장할 수 있는 토대가 마련되었다. 경영자 마인드를 가지게 되면 살면서 선택의 기로에 있을 때 지혜롭게 삶을 선택할 수 있는 큰 안목을 가질 수 있게 된다. 일머리를 잡은 후에는 곧바로 책임자로, 경영자로 일할 수 있는 능력이 생기는 것 같다. 그래서 우리는 신입사원을 거쳐 하루빨리 그 일을 책임까지 질 수 있는 경영자로 성장해야 한다고 말하고 싶다. 더욱이 급변하는 사회에 대응하려면 중간관리자를 목표로 일하는 게 아니라, 경영마인드를 뼛속까지 새기도록 하는 게 우리가 해야 할 역할이다.

'신입사원에서 곧바로 경영자 되기'는 우리가 그려야 할 큰 그림이다. 신입사원 시절을 잘 보내니 그 하루하루가 방점이 되어 어느덧 완성된 그림으로 나타난 자신의 모습을 상상해 보기를 바란다. 신입사원 시절은 우리에게 생각해 본 적 없는 큰 선물을 가져다줄 수 있기에 우리는 계속해서 하루의 방점을 찍으며 계속 전진할 수밖에 없다.

'비즈니스맨인 신입사원에서 곧바로 CEO 되기'는 그리 어려운 일이 아니다. 우리가 신입사원 시절을 잘 보내면 일의 흐름이 보이고, 문제점에 대한 대안을 제시하는 새로운 안목이 생길 것이다. 그 안목을 만드는 것이 우리는 신입사원 시절 열심히 일해야 하는 온전한 이유다.

에필로그

　제4차 산업혁명 시대는 융합과 공유경제의 시대로 신입사원에게는 마음껏 일할 수 있는 무대를 제공해 준다. 예전에는 물리적으로 일정 시간이 지나야 할 수 있었던 일을 현재는 언제, 어디서든, 누구나 할 수 있는 시대가 되었다. 생각과 아이디어만 있다면 서로 협력해 실제로 구현할 수 있는 시스템이 만들어진 것이다.

　그 길에 산적한 세계 문제를 해결해 줄 청년들이 각국 곳곳에서 '초인재'로 인정받고 있다. 실리콘밸리의 청년들은 초인재 중 하나인데 기술 융합으로 사회 문제를 해결하기 위한 방안을 구축하고 있다. 만나야 할 사람이 있다면 소셜 네트워크를 통해 먼저 소통하고, 의견을 구하면서 말이다.

제4차 산업혁명의 무대에서 일을 하기에 우리나라 만한 곳은 없다. 인터넷 연결이 빠르고 공공장소에서도 무료로 와이파이를 쓸 수 있어 정보검색과 응용이 빠르다. 우리 문화는 세계인의 눈과 귀를 사로잡고 있을 만큼 콘텐츠의 수준과 역량도 매우 높다.

신입사원 시절 이왕이면 세계를 무대로 외국계 기업에 취업도 하고 적극적으로 일하는 방법도 있지만 우리나라 기업에서도 충분히 세계를 무대 삼아 일할 수 있는 환경이 조성돼 있으므로 프로젝트를 잘 기획해 기업에서 성취감을 느끼며 마음껏 일하기를 바란다.

초인재는 어디에 있든 다른 사람들과 확연히 구분되고 일하는 방식도 남달라 사람들의 시선을 끈다. 사람들이 생각하지 못한 것을 제시하고, 전문가 그룹을 통해 좀 더 나은 대안을 마련하기에 신입사원이지만 기업에서 그들의 의견이 반영될 확률이 높다.

신입사원은 현재 트렌트에 민감한 사람들이고 트렌트를 이끌어 가는 세대이기에 다른 사람들이 구현해 내지 못하는 것을 누구보다도 고무적으로 제시할 수 있는 조직의 구성원이다.

기업 내에서도 직원들의 동호회 활동을 지원하고 창업을 권장하는 정책이 많이 만들어지고 있으니 회사 내 사내 복지 시스템을 잘 활용했으면 좋겠다.

기업에서는 아이템을 가진 직원에게 창업의 길을 열어주고 사업성 있게 구현해 낼 수 있도록 기존 업무에서 빼주면서 창업 자본까지 지원해 주는 경우도 있다. 요즘같이 기업이 직원들을 위해 상생의 길을 도모하자며 지원해 주는 때가 있었는지 모르겠다.

인공지능이 발달할수록 사람은 인공지능의 기능을 대신해 줄 생체적 플랫폼이 될 수 있다는 일부 우려도 있지만 그렇게 되지 않도록 우리는 사람으로서의 존엄을 지키기 위해 인간다운 생각을 하고 부당하고 어려운 일에 맞설 수 있는 용기를 가져야 한다.

사람이 새로운 일에 부딪히면 어떻게 해야 할지 몰라 주춤하게 되는데 이때는 주변 사람이 자신의 일처럼 객관적으로 일을 해결해 줄 수 있도록 좋은 사람으로 주변 네트워크를 만드는 데 소홀함이 없어야 한다.

초인재로 일을 잘하기 위해서는 가족과 친구들과 시간을 함께 보내는 것도 소중한 일이다. 개인 시간을 많이 보내길 바란다.

세상에서 가장 가치 있는 것은 지식을 포함해 언제나 무료였다. 세상에서 주는 선물도 감사함으로 잘 받았으면 좋겠다. 대자연의 아름다움을 만끽하면서 신입사원 시절을 잘 보낸다면 정말 누구보다도 가치 있는 것들에 시간을 쓸 수 있을 것이다.

이 책은 신입사원 시절부터 10년 후 오늘을 살고 있는 내가 이제 막 신입사원이 된 청년을 위해 알려주는 현재에 적용 가능한 지혜의 기록이다. 지금 청년만이 할 수 있는 정책과 사회적 선물을 많이 활용하며 적극적으로 신입사원 시절을 보내기 바란다.

언젠가 우리 선배들이 "젊은 시절 맛있는 것 많이 먹고, 많이 돌아다니고, 많이 놀면서 젊음을 만끽하라"고 이야기해 준 것처럼 나는 "초인재는 바로 네 안에 있단다, 실리콘밸리 청년들을 친구로 삼고 함께 세계 문제를 해결할 방법을 찾아보자, 세계를 무대로 나아가라"는 말을 청년들에게 마지막까지 해주고 싶다.

20대에 열심히 일하고, 신명 나게 한 판 놀아야 한다면 이왕이면 세계의 중심에서 놀고, 세계의 인재들과 어울리면 놀 수 있도록 말이다. 20대 청년이 할 수 있는 일과 30대 청년이 할 수 있는 일이 구분되지는 않지만 30대에는 우리 세대가 더 잘 할 수 있는 분야를 개척하면 된다. 신입사원 때 실수를 많이 한 만큼 좀 더 여유를 갖고 품위 있게 말이다.

그동안의 내 생각과 일에 대한 개념이 모두 한곳에 정리된 것 같아 후련하다. 잘 비워내야 다시 채울 수 있는 것처럼 책이 출판되니 나는 다시 태어난 것 같은 느낌이 든다. 더 많은 일을 할 수 있을 것처럼 말이다.

8년간의 신입사원 시절 동안 일하면서 대학원도 졸업하게 됐고, 방송 프로그램도 론칭해 교육부에서 큰 상도 받고, 책 출판도 하고, 직장인 혁신연구소까지 마련해 연구 활동을 계속할 수 있게 됐으니 정말 뿌듯하다. 이제는 방송 경영자로서의 역할도 제대로 하기 위해 제2의 인생을 살고 있는데 신입사원 시절을 잘 보내니 CEO로서의 역할도 할 수 있게 된 것 같아 기쁘다.

샐러리맨이 아닌 비즈니스맨의 삶을 사는 사람들은 일하는 머리를 터득한 후 어느 순간 임계점에 도달하면 자신의 길이 확 열리게 된다. 그 길을 걸어갈 때 자신의 역할을 잘 수행하고 세상의 선한 영향력을 많이 펼치기 위해서 우리의 소중한 신입사원 시절을 풍성하게 잘 만들어 가길 바란다.

책 작업을 마칠 때쯤 아끼던 후배 김유리 PD가 방송국을 그만두고 서른세 살에 새로운 창업가의 길로 떠났다.

도널드 트럼프 미국 대통령이 터키산 철강과 알루미늄에 관세를 2배 부과하겠다고 밝히자 터키 리라화의 가치가 계속 급락했고, 이런 상황이 벌어지자 그동안 생각했던 창업 아이템을 구현하기 위해 터키로 떠난 것이다.

원래부터 패션과 트렌드에 관심이 많아 파워 블로거로서 많은 사람에게 영감을 주더니 이제는 자신의 길을 찾아 더 많은 사람에게 도움을 주기 떠났다. 시대의 흐름과 함께 자신만의 아이디어를 가지고 시스템을 만들 수 있도록 실천하는 모습은 초인재의 전형을 보여주고 있다.

초인재는 어떤 일을 하든지 자신이 원하는 일들을 구축할 수 있다. 시키는 일만 하지 않고 적극적으로 자신의 의견을 내며, 자신이 원하는 방향으로 일을 이끌다 보니 다른 일을 새롭게 시작할 수 있는 안목이 생기고 행동할 수 있는 원동력이 만들어졌다.

20대 신입사원 시절을 잘 보냈기에 30대 초반에 제2의 인생을 설계할 수 있는, 어렸을 때부터 자신이 생각하고 하고 싶었던 일들을 직접 해볼 수 있는 용기가 생긴 것이다. 그 과정을 직장 생활 하면서 많은 동료, 선후배들에게 배우면서 익혔으니 얼마나 양질의 경험일지 생각만 해도 자랑스럽다.

이 책을 내기까지 조영석 라온북아카데미 소장님, 나영광 북피알미디어 대표님의 큰 도움이 있었다.

감사하다는 말로는 마음이 모두 담기지 않아 이 소중한 인연들과는 앞으로도 계속 좋은 일들을 만들어 공유하고 싶다.

신입사원에게 꼭 필요한 부분이 무엇인지 생각할 때는 송덕진 극동미래연구소장, 김종희 히즈디자인하우스 대표, 박정호

KDI 연구원의 아이디어가 큰 도움이 되었다.

신입사원들의 교육을 위해 애쓰시는 기업의 인사팀 관계자들과 인재를 찾기 위해 노력하는 헤드헌터들, 후배를 잘 키워야 하는 사명을 갖고 있는 직장인 선배들과 함께 기쁨을 나누고 싶다.

마지막으로 책을 무사히 낼 수 있도록 지원해 준 나의 소중한 가족들과 후배 박가윤, 김숙희, 김은경, 김유리에게도 마음 깊숙이 고마운 마음을 전한다. 사회에서 큰 역할을 하며 공헌활동을 잘 할 수 있도록 가르쳐 주시고, 예쁘게 키워주신 부모님께도 고개 숙여 감사드린다.

2018년 9월 어느 날
愛月의 아름다운 곳에서
김도현

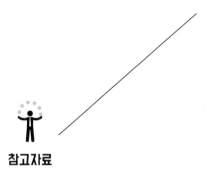

참고자료

이광형 교수,『3차원 창의력 개발법』

조너선 헤이버,『무크대학의 미래를 뒤바꿀 혁명』

엠제이 드마코,『부의 추월차선』

니시나카 쓰토무,『운을 읽는 변호사』

게리 채프만,『사랑의 다섯 가지 언어』

백승진,『아 유 레디?』

오제은,『자기사랑노트』

미첼 쿠지, 엘리자베스 홀로웨이,『당신과 조직을 미치게 만드는 썩은 사과』

이무신,『마케팅 하지 않는 마케터』

조영환,『입사 1년차 직장 사용 설명서』

로버트 치알디니,『설득의 심리학』

빅터 황, 그렉 호로윗,『정글의 법칙 혁신의 열대우림 실리콘밸리 7가지 성공 비밀』

이타카키 에이켄,『손정의 제곱법칙』

존 도어,『먼저 대접하라』

나카노 아키오,『기획서 잘 쓰는 법』

라즐로 복,『구글의 아침은자유가 시작된다』

후쿠하라 마사히로,『세계 최고의 인재들은 무엇을 공부하는가』

박한구, 송형권, 장원중 외 2명,『4차 산업혁명, 새로운 제조업의 시대』

초인재
인재혁명 시대, 돌파형 인재가 온다

지은이   김도현
펴낸이   이동수

1판1쇄   2018년 10월 22일

책임편집   유영이
디자인   나무디자인 정계수

펴낸곳   생각의날개

주소   서울시 강북구 번동 한천로 109길 83, 102동 1102호
전화   070-8624-4760
팩스   02-987-4760
출판등록   2009년 4월3일 제25100-2009-13호
ISBN   979-11-85428-40-6 03320

이 도서의 국립중앙도서관 출판예정도서목록(CIP)은 서지정보유통지원시스템
홈페이지(http://seoji.nl.go.kr)와 국가자료종합목록시스템(http://www.nl.go.kr/kolisnet)에서
이용하실 수 있습니다. (CIP제어번호 : CIP2018031715)